MARIE-MAI

La collection Raconte-moi *est une idée originale
de Louise Gaudreault et de Réjean Tremblay.*

Éditrice-conseil : Louise Gaudreault
Coach d'écriture : Réjean Tremblay
Coordination éditoriale : Pascale Mongeon
Direction artistique : Roxane Vaillant
Illustrations : Jean-François Vachon
Design graphique : Christine Hébert
Infographie : Chantal Landry
Correction : Odile Dallaserra

DISTRIBUTEUR EXCLUSIF :

Pour le Canada et les États-Unis :
MESSAGERIES ADP inc.*
2315, rue de la Province
Longueuil, Québec J4G 1G4
Téléphone : 450-640-1237
Télécopieur : 450-674-6237
Internet : www.messageries-adp.com
* filiale du Groupe Sogides inc.,
  filiale de Québecor Média inc.

Catalogage avant publication de Bibliothèque
et Archives nationales du Québec et
Bibliothèque et Archives Canada

Delisle-Crevier, Patrick

Marie-Mai

(Raconte-moi)
Pour les jeunes.

ISBN 978-2-924025-93-2

1. Marie-Mai, 1984-   - Ouvrages pour la
jeunesse. 2. Chanteurs - Québec (Province) -
Biographies - Ouvrages pour la jeunesse.
I. Titre.

ML3930.M37D44 2015   j782.42164092
C2015-940383-9

03-15

Dépôt légal : 2015
Bibliothèque et Archives nationales
du Québec

ISBN 978-2-924025-93-2

Gouvernement du Québec – Programme de crédit
d'impôt pour l'édition de livres – Gestion SODEC –
www.sodec.gouv.qc.ca

L'Éditeur bénéficie du soutien de la Société de
développement des entreprises culturelles du

Conseil des Arts   Canada Council
du Canada   for the Arts

Nous remercions le Conseil des Arts du Canada de
l'aide accordée à notre programme de publication.

Nous reconnaissons l'aide financière du
gouvernement du Canada par l'entremise du Fonds
du livre du Canada pour nos activités d'édition.

Patrick Delisle-Crevier

RACONTE-MOI
MARIE MAI

petit homme
Une société de Québecor Média

PRÉAMBULE

Dimanche 16 février 2003. Le visage de Marie-Mai apparaît pour la première fois au petit écran. La blonde jeune femme de 18 ans participe à une émission de télévision au concept nouveau, intitulée *Star Académie.*

Ce soir-là, plus d'un million de téléspectateurs québécois sont rivés à leur écran. Après plusieurs semaines d'attente, le public découvre enfin les 14 candidats qui feront partie de cette folle aventure musicale, sur laquelle on sait encore bien peu de choses.

Les jeunes chanteurs s'apprêtent à s'isoler pendant 10 semaines dans une grande maison de Sainte-Adèle, une petite ville située dans les Laurentides, au nord de Montréal. Ils suivront des cours intensifs de chant, de jeu théâtral, de danse et d'entraînement physique. Tout sera capté par des caméras. Celles-ci seront installées un peu partout dans la résidence pour épier leurs moindres faits et gestes.

Ils ne pourront sortir de l'Académie que le dimanche. Ce jour-là, ils participeront à un grand spectacle télévisé, diffusé au Québec et au Nouveau-Brunswick.

Parmi les participants, Marie-Mai est en apparence la plus rebelle. Du moins, sa chevelure platine, ses tatouages et son perçage au nez donnent cette impression. Pourtant, elle sera une étudiante modèle entre les murs de l'Académie, et elle se rendra en demi-finale! Ce sera le début d'une belle aventure qui se poursuit encore aujourd'hui.

Quatorze étoiles sont nées de cette première expérience de téléréalité. Certaines seront filantes et disparaîtront aussi vite qu'elles sont apparues. D'autres sont encore visibles, mais aucune ne brille comme Marie-Mai.

Aujourd'hui, elle est l'une des plus grandes vedettes du Québec. Sa carrière est pavée de succès et tout ce qu'elle touche devient or et platine. Elle a vendu à ce jour plus de 400 000 albums. Elle a chanté devant plus d'un million et demi de spectateurs. Elle a récolté pas moins de neuf prix Félix. Marie-Mai a aussi électrisé 12 fois le Centre Bell, qu'elle s'amuse à surnommer sa deuxième résidence.

Ce succès, Marie-Mai ne l'a pas volé. Elle a eu à travailler très fort pour rester là où *Star Académie* l'a propulsée à ses débuts.

Qui aurait cru que la petite fille de Varennes allait devenir une aussi grande star ? Du haut de ses 6 ans, alors qu'elle chantait dans sa chambre avec une brosse à cheveux en guise de micro, les robes de sa mère pour tout costume et un simple miroir comme public, personne n'aurait pu prédire le conte de fées qui l'attendait.

Voici comment tout a commencé…

LA NAISSANCE D'UNE ÉTOILE

« Souris, Marie-Mai ! » dit grand-maman Jeanne.

Clic !

Ce jour-là, Jeanne capte en photo le sourire de sa petite Marie-Mai. Âgée d'à peine 6 ans, la fillette aime chanter, danser et sourire devant l'objectif. Elle est une vraie boule d'énergie, elle a du rythme et une jolie voix ! Sa grand-mère perçoit déjà chez elle une fougue, un talent et une volonté hors du commun pour une enfant de cet âge.

Nous sommes à la fin des années 1980. À cette époque, la photo numérique n'existe pas. Grand-maman Jeanne utilise un tout petit appareil noir, sans écran, qu'on appelle un « 110 », à cause de la pellicule de 110 mm que contient sa cartouche.

Pour faire développer la pellicule, Jeanne doit se rendre à un comptoir photo. Quelques jours plus tard, elle y retourne pour récupérer l'enveloppe qui contient les impressions papier et les films négatifs. De retour à la maison, elle ouvre la précieuse enveloppe et y découvre, parmi d'autres, le cliché qu'elle a fait de sa petite-fille.

Elle sort alors une petite boîte dans laquelle elle a conservé un autocollant métallique en forme d'étoile. Elle applique cette étoile sur la photo, juste au-dessus de la tête de Marie-Mai.

Le soir même, alors que sa petite-fille lui rend visite, Jeanne lui propose de sortir pour voir la tombée de la nuit. À ce moment, elle montre à Marie-Mai la photo sur laquelle elle a apposé l'autocollant.

« Ma petite, dans le ciel, il y a une étoile pour toi. Tu dois poursuivre le chemin qui te mènera à ton rêve de devenir chanteuse. »

La petite Marie-Mai écoute attentivement les paroles de sa grand-mère.

Ce moment sera important dans sa vie. Depuis ce jour, elle a la certitude qu'elle est née sous une bonne étoile et que quelqu'un veille sur elle et la guide. Cela lui donnera envie de foncer tout droit vers son rêve de chanter.

Grand-maman Jeanne, elle aussi, a toujours eu du talent pour la chanson, mais elle n'a jamais pu l'exploiter. Sa propre mère lui avait interdit d'envisager une carrière de chanteuse. À l'époque, ce métier était mal perçu dans son entourage. Jeanne a donc enfoui en elle son désir de chanter, et elle a passé sa vie à tenir maison et à prendre soin de ses enfants.

Mais son vieux rêve a repris de la vigueur lorsqu'elle a vu le même dans les yeux de sa petite-fille. Elle vivra sa passion en suivant et en encourageant Marie-Mai dans la poursuite de ses ambitions.

Jeanne a été la première à voir les étoiles dans les yeux de Marie-Mai. Cette photo, elle la lui montrera souvent, surtout dans les moments de doute et de découragement. Sans les encouragements de sa grand-mère, qui sait si Marie-Mai serait parvenue là où elle est? Encore aujourd'hui, Jeanne accompagne souvent sa petite-fille sur les tapis rouges et dans les grandes soirées. Le succès de Marie-Mai, c'est aussi un peu le sien… Et elle le savoure à ses côtés.

2

UNE PETITE TORNADE BLONDE

Marie-Mai porte un tatouage en forme d'étoile sur son avant-bras gauche. Son bras droit, quant à lui, est décoré de plusieurs petites étoiles. Ce n'est pas un hasard. Les étoiles ont toujours fait partie de sa route.

C'est même dans un endroit portant le nom de Jardin des Étoiles que France et Jean-Pierre, les parents de Marie-Mai, se rencontrent à l'été 1971. Ce soir-là, un homme dont le nom de scène est Louis Michelair présente un tour de chant avec son groupe dans une salle du parc d'attractions La Ronde. Il y chante entre autres un succès de cet été-là, qui deviendra un des grands classiques de Claude Dubois, *Femme de rêve*.

La plupart des gens dans la salle écoutent sagement et sans bouger. Mais le chanteur remarque parmi la foule une jolie jeune femme qui danse joyeusement.

Il suffit d'un seul regard et c'est le coup de foudre. Ceux qui deviendront les parents de Soline d'abord, puis de la petite Marie-Mai, tombent rapidement amoureux. Encore aujourd'hui, Marie-Mai aime bien se remémorer la belle histoire de la rencontre de ses parents. Elle se dit en souriant que si sa mère, ce soir-là, n'avait pas dansé comme elle le fait encore si souvent dans les partys, son père ne l'aurait probablement jamais remarquée. Le coup de foudre n'aurait jamais eu lieu. Par conséquent, Marie-Mai ne serait pas là aujourd'hui.

Marie-Mai Bouchard est née le 7 juillet 1984 à Varennes, une petite ville de quelque 20 000 habitants située en Montérégie.

C'est sa mère, France Lemay, qui a eu l'idée de ce prénom peu commun – et pour le moins original – pour sa deuxième fille. Un prénom qui en fera sourciller plusieurs et qui froissera certaines oreilles par son excentricité.

La petite Marie-Mai est tout le contraire de sa grande sœur Soline, de six ans son aînée, qui est plutôt sage. Marie-Mai, elle, devient une véritable tornade dès qu'elle est en âge de marcher.

« Marie-Mai, ne monte pas sur la chaise. »

« Marie-Mai, arrête de courir. »

« Marie-Mai, ferme les armoires. »

« Marie-Mai, cesse de jacasser et mange. »

Rien n'arrête la petite dynamo blonde qui passe de la cuisine au salon à la vitesse de l'éclair. Elle déplace beaucoup d'air partout où elle passe.

Lorsqu'elle est en âge de parler, elle devient un véritable moulin à paroles. Personne ne peut l'arrêter! Du haut de ses trois ans, elle a toujours quelque chose à dire. Et quand elle ne parle pas, elle a la manie de chanter haut et fort. Elle chante tous les airs qu'elle entend à la radio, tout ce que sa grande sœur Soline écoute, et aussi... tout ce qui lui passe par la tête.

Un jour, France remarque quelque chose de bien particulier chez sa fille. Lorsqu'elle se fait disputer, celle-ci se précipite au piano et elle pioche sur les notes. C'est sa façon à elle de se défouler. France constate rapidement que Marie-Mai se sert de la musique pour exprimer une émotion. Elle décide de l'inscrire à des cours de piano.

Déjà, à cette époque, Marie-Mai est une enfant extravertie et expressive. Elle n'hésite pas un instant à fouiller dans les tiroirs ou la garde-robe de sa mère pour s'inventer des costumes de scène et improviser des prestations. « Venez, venez, le spectacle va commencer dans quelques minutes ! » lance l'enfant.

Elle danse telle une vedette sur son podium, mais elle chante surtout, devant ses premiers admirateurs : ses animaux en peluche et ses poupées. Elle connaît par cœur ses chansons préférées de l'époque. Après Céline Dion, il y a entre autres dans le palmarès de Marie-Mai la chanson *Chats sauvages* de Marjo, *L'escalier* de Paul Piché et *Je voudrais voir la mer* de Michel Rivard.

Lorsqu'elle chante dans sa chambre, Marie-Mai s'assure de garder sa fenêtre bien ouverte afin que son public soit le plus large possible. Et si jamais, par un heureux hasard, René Angélil ou un autre impresario passait par là, il pourrait l'entendre et la découvrir !

Aucun agent d'artiste ne ralentit devant la maison familiale. Mais les voisins de Marie-Mai, eux, premiers spectateurs privilégiés à entendre sa voix, remarquent bien vite la petite Bouchard.

« Ah c'est toi qu'on entend toujours chanter ! »

« Tu n'arrêtes jamais, toi ! »

« Oh que tu as l'air tannante, ma petite ! »

Marie-Mai n'est pas une enfant comme les autres. Son caractère fort et sa personnalité exubérante ne passent pas inaperçus.

Il faut d'ailleurs bien peu de temps à la fillette pour se mettre en tête qu'elle va devenir une chanteuse populaire, une grande vedette, et ce, à l'échelle de la planète.

« Moi, plus tard, je vais devenir une chanteuse, une grande chanteuse », affirme-t-elle avec aplomb.

« Quand on veut, on peut », lui répond sa mère.

France est chanteuse à ses heures, tout comme son époux. Il était donc fort logique que la fillette ait hérité de la voix et du talent artistique de l'un ou l'autre de ses parents. Toute la famille a un goût naturel pour la musique.

Durant l'enfance de Marie-Mai, grand-maman Jeanne habite au sous-sol de la maison familiale. Marie-Mai passe beaucoup de temps à ses côtés. Parfois, lorsqu'elle se fait gronder par ses parents à l'étage, elle trouve refuge chez sa grand-mère. Elle se confie à elle, et lui raconte parfois qu'elle a subi une grave injustice. Mais Jeanne a entendu ce qui s'est passé en haut, bien malgré elle. Elle fait réaliser à Marie-Mai qu'elle a peut-être eu tort, elle lui fait voir l'autre côté de la médaille. Elle l'incite à changer d'attitude envers ses parents. Calmée, Marie-Mai remonte, souvent à la course, pour se réconcilier avec ses parents et s'excuser.

Avec l'aide de sa grand-mère, Marie-Mai apprend aussi à perfectionner son art. Après des heures à répéter en solo dans sa chambre, elle redescend au sous-sol pour chanter devant sa première juge. Vêtue de son costume de scène et tenant son faux micro, elle exige que Jeanne lui donne une note en fonction de sa performance.

Mais attention, pas question pour Jeanne de lui donner une note parfaite.

« C'est très bien, mais tu peux faire mieux. Je te donne un 7 sur 10 pour la danse et un autre 7 pour le chant », dit la grand-mère, amusée et sérieuse à la fois.

Marie-Mai ne craint pas la critique. Quand la note n'est pas suffisamment haute à son goût, elle retourne dans sa chambre et s'exerce de nouveau. Pas question de décevoir un éventuel fan... Elle veut être parfaite.

Jeanne prend au sérieux son travail de juge auprès de Marie-Mai et elle tente de lui donner une note honnête plutôt que de lui faire croire que tout est parfait.

Sa grand-mère lui inculquera une discipline de travail rigoureuse dès sa plus tendre enfance. Aux yeux de Marie-Mai, elle a été un bon premier coach. À cette époque, elle était aussi sa meilleure amie.

À 5 ans, entourée de sa famille et déjà passionnée de musique, Marie-Mai est heureuse. Mais son entrée à l'école viendra bientôt jeter une ombre sur son bonheur.

3

UNE ENFANT
PAS COMME LES AUTRES

Du haut de ses 6 ans, Marie-Mai ne joue pas à la
Barbie comme les fillettes de son âge. Elle s'en-
ferme plutôt dans sa chambre et rêve du jour où
elle deviendra une chanteuse populaire. Un soir,
elle écrit même sa première chanson. Quelques
lignes qui parlent de paix et d'amour :

« Que la paix arrive

Que la guerre n'existe pas

Tout l'amour me revient dans mon cœur

Toute la ville est heureuse

Nous avons chanté l'espoir. »

Quand elle chante et danse dans sa chambre, Marie-Mai est comme dans une bulle. Elle est alors la plus joyeuse des petites filles. Mais lors de son entrée à l'école, elle se rend vite compte qu'elle n'est pas comme les autres. Elle ne cadre pas dans la masse, et elle a du mal à se faire accepter par ses camarades.

Assise à son pupitre, Marie-Mai ne participe pas beaucoup en classe, elle est souvent dans la lune, elle gribouille et rêvasse doucement. En fait, elle souffre d'un sérieux problème de concentration, un problème que les spécialistes appellent TDA (trouble de déficit d'attention). Et cela ne s'améliore pas au fil des années.

Ses enseignants tentent de la ramener à l'ordre de temps à autre.

— Marie-Mai, dis-moi, qu'est-ce qu'un polygone ? lui demande son enseignante.

La fillette, en entendant son nom, sort brusquement de son nuage de rêveries :

— Euh! Euh! dit-elle en rougissant et en tentant de se ressaisir. Un polygone, c'est... Euh! C'est un... Je ne m'en souviens plus, madame.

En soupirant, l'enseignante se tourne vers un autre élève, assis en avant de la classe.

— Mathieu, pourrais-tu dire à Marie-Mai ce qu'est un polygone?

Le garçon, bien droit sur sa chaise et bien fier de connaître la réponse, lance alors en direction de Marie-Mai:

— Un polygone, c'est une figure géométrique fermée, faite de lignes droites, et qui a plusieurs côtés.

Des moments comme celui-là, Marie-Mai va en vivre plusieurs durant son école primaire. Pendant ces années-là, elle vit dans son monde à elle, un monde qui s'apparente beaucoup plus à celui de ses idoles de l'époque : Céline Dion, New Kids On The Block et Freddie Mercury. Un monde dans lequel les costumes scintillants, les projecteurs et la musique occupent une place beaucoup plus grande que la grammaire, les sciences et les mathématiques.

Marie-Mai n'a pas beaucoup d'amis à l'école primaire. Elle se sent parfois rejetée. Elle ne cache pas son rêve d'être chanteuse, ce qui lui attire bien des moqueries. Elle est même victime d'intimidation dans la cour d'école. À cause de tout cela, Marie-Mai n'aime pas beaucoup les études, et ses notes ne sont pas très bonnes.

Pendant les cours, elle gribouille des chansons dans son agenda. À l'heure du dîner, elle ne sort pas jouer avec les autres. Elle se cache plutôt dans les toilettes pour manger ou pour chanter. Marie-Mai se sent différente de ses camarades, qui la qualifient de bizarre. Elle se sent seule, elle est triste et elle a l'impression qu'elle n'est bonne à rien… sauf lorsqu'elle chante.

Elle s'accroche donc bien fort à son rêve et elle se construit une carapace. Chaque insulte, chaque parole blessante deviennent alors un carburant

qui lui donne envie de montrer aux autres ce dont elle est capable.

Des années plus tard, en 2012, Marie-Mai présentera la chanson *Différents*. Elle a écrit cette pièce pour dire qu'on a droit à la différence et qu'il n'est pas obligatoire de rentrer dans un moule à tout prix pour se faire accepter.

À la maison, la jeune Marie-Mai partage avec son père, Jean-Pierre, sa passion pour la musique. C'est avec lui qu'elle apprend les rudiments de la guitare. Cela devient un bon complément à ses cours de piano.

Son père connaît le milieu artistique, et il sait bien que le monde du show-business peut être ingrat. Il rappellera plusieurs fois à sa fille qu'il est difficile de bien gagner sa vie en chantant. Il a lui-même renoncé à sa passion, après avoir obtenu un certain succès en Ontario et au Québec.

Lorsque Marie-Mai s'emballe, Jean-Pierre n'hésite pas à lui ramener les pieds sur terre. Il souligne à quel point chanter est souvent peu payant pour un artiste, à quel point une carrière musicale ne dure pas longtemps.

— Marie, tu vas comprendre plus tard que ce n'est pas facile de gagner sa vie en chantant. Tu dois avoir de bonnes notes à l'école et écouter ton enseignante.

— Papa, je vais être chanteuse, c'est ce que je veux faire de ma vie, bon! Ne me décourage pas.

Bien qu'elle se fâche parfois devant les nombreuses mises en garde de son père, grâce à lui, Marie-Mai est davantage consciente de ce qui l'attend. Elle sait qu'elle doit mettre les bouchées doubles pour atteindre son objectif. Elle sait que dans ce métier, beaucoup de gens (dont son père) n'ont pas réussi à laisser leur marque et sont tombés dans l'oubli.

Elle sait que ce ne sera pas facile et qu'on ne lui fera pas de cadeau. Elle réalise aussi que les chances de bien gagner sa vie avec la musique sont minces. Mais elle accepte le pari.

Pas question pour Marie-Mai d'envisager un plan B. Elle a de toute façon l'impression qu'elle ne saura jamais rien faire d'autre que chanter, et elle n'a pas l'intention de baisser les bras. Elle se dit plutôt, au plus profond d'elle-même, qu'elle sera l'exception.

À cette époque, un rêve récurrent habite Marie-Mai. Un rêve qu'elle caresse autant la nuit, lorsqu'elle dort, que le jour, lorsqu'elle est bien éveillée. Dans ce rêve, elle se voit en train de chanter et de danser sur une scène grandiose, ornée d'un grand escalier de métal. Les projecteurs créent des éclairages époustouflants, dignes des plus grandes vedettes internationales.

Ce rêve, elle le met en scène dans le grand escalier de la maison familiale, où elle répète régulièrement son tour de chant.

Mais tout cela va bientôt changer. À l'adolescence, Marie-Mai s'éloignera de son grand rêve pour quelques années. C'est le début d'une période de doutes et de rébellion...

4

LES ANNÉES REBELLES

Vers l'âge de 14 ans, Marie-Mai carbure au son des groupes rock tels que Nirvana et Blink 182, et de l'album *Jagged Little Pill* de la chanteuse canadienne Alanis Morissette.

Elle admire aussi Gwen Stefani pour son look, son attitude et son audace. Des affiches de groupes tels que Silver Chair, Green Day et No Doubt tapissent les murs de sa chambre. Elle aime aussi en secret les Backstreet Boys, dont elle connaît toutes les chansons par cœur.

À cette époque, la jeune fille se cherche une identité, et cela paraît dans ses nombreux changements de styles vestimentaires. Un jour, elle est punk ; elle porte des camisoles recouvertes « d'épingles à couche » et des jeans troués. Le lendemain, elle est rocker ; elle enfile une veste de cuir et des chandails à l'effigie de groupes heavy

metal. Puis, elle est gothique ; elle se teint les cheveux en noir et applique même du noir sur ses lèvres. Quelques mois plus tard, elle se dit *preppy* ; elle choisit des chandails griffés et se maquille très peu.

Peu importe le style qu'elle adopte, elle ne trouve pas celui qui lui convient. Elle a l'impression d'être une extraterrestre tellement elle se sent différente des autres.

Mais la rencontre d'un groupe de jeunes filles la fera sortir de sa coquille. Elle acceptera ses différences et décidera de prendre sa place.

La bande qu'elle forme avec Judith, Marie-Ève et Simone en fait voir de toutes les couleurs au personnel enseignant de l'école secondaire de Mortagne, à Boucherville. Le quatuor perturbe le bon déroulement des cours... Résultat ? Marie-Mai collectionnera les heures de retenue durant lesquelles elle aura à copier des centaines de fois la phrase : « Je ne dérangerai plus en classe. »

Elle traverse alors une véritable crise d'adolescence. Elle ne se trouve pas particulièrement jolie.
Elle a l'impression qu'elle a beaucoup de choses à
prouver. Elle est désorganisée, autant dans sa
chambre que dans sa vie.

Elle refuse tout commentaire ou critique négatif à
son égard. Elle ne se fait pas prier pour défendre
ses opinions. À cause de son côté rebelle, elle
n'est pas non plus facile à vivre à la maison!

Depuis qu'elle est toute petite, Marie-Mai défie
l'autorité. Elle se souvient encore du premier geste
d'affront qu'elle a commis lorsqu'elle avait 6 ans.

Ce jour-là, elle faisait du bricolage chez sa grand-
mère. La table sur laquelle elle s'affairait était recou-
verte d'une belle nappe en dentelle. Par-dessus la
nappe, se trouvaient éparpillés du papier de construc-
tion, des ciseaux, quelques crayons et de la colle.

« Marie-Mai, range tout ça, c'est l'heure de
manger... »

Marie-Mai, qui n'avait visiblement pas envie d'arrê-ter son activité, regarda sa grand-mère droit dans les yeux, approcha les ciseaux de la nappe et ouvrit bien grand les deux lames au-dessus de la fine dentelle.

En voyant ce que sa petite-fille menaçait de faire, Jeanne haussa le ton :

« Non, Marie-Mai, ne fais pas ça... »

Clic ! En un coup de doigts, les fines lames des ciseaux tranchèrent une grande partie de la nappe en deux, au grand désespoir de Jeanne.

Ce refus de l'autorité se poursuivra durant toute l'enfance, puis à l'adolescence. À la maison, Marie-Mai se montre entêtée. Les choses doivent se faire à sa façon ou pas du tout. Marie-Mai désignera elle-même plus tard cette période comme ses « années pitbull ».

À l'adolescence, tout comme durant l'enfance, elle ne s'entend pas très bien avec Soline. Sa grande sœur est maintenant une jeune adulte. Elle a beau essayer de se rapprocher de Marie-Mai, celle-ci la rejette toujours.

Durant ses « années pitbull », Marie-Mai délaisse même la musique et le chant. Heureusement, un événement inattendu viendra mettre fin à cette période difficile et ramènera Marie-Mai à sa vraie passion.

***

Le vent tourne grâce à un spectacle de fin d'année. Autant Marie-Mai, dans la cour de l'école primaire, racontait à tout le monde qu'elle deviendrait chanteuse, autant elle est demeurée secrète sur sa passion dans les corridors de la polyvalente. Bien peu de gens, outre son entourage proche, savent qu'elle a des aptitudes pour le chant.

S'il y a un endroit où Marie-Mai peut trouver sa place dans l'immensité de son école secondaire, c'est évidemment sur la scène de l'auditorium. Sous le coup d'une impulsion, elle décide de sortir de l'ombre et de tenter sa chance pour faire partie du spectacle de fin d'année de la polyvalente. Elle décroche un rôle dans la comédie musicale *Rock'n nonne*, qui est une adaptation du film américain à succès *Sister Act*.

Ce sera sa première expérience sur scène, et elle y brillera de tous ses feux en chantant et en dansant. Comme elle est la seule à véritablement savoir chanter, elle incarne pratiquement tous les personnages chantants de la pièce, dont le personnage principal : Deloris Van Cartier, devenue sœur Marie-Clarence.

Rock'n nonne raconte l'histoire de Deloris, une chanteuse forcée de se cacher dans un couvent de religieuses pour échapper à une bande de truands qui veulent sa peau. Pour passer le temps, elle devient responsable de la chorale et amène les bonnes sœurs à reprendre les grandes chansons des années 1960. La chorale obtient un succès monstre, ce qui projette la petite communauté sous les projecteurs et occasionne à Deloris son lot d'ennuis.

Marie-Mai en surprendra plus d'un par son charisme et par sa voix. Autant sa famille que le public sont subjugués par son talent. Ce moment sur scène, suivi des premiers véritables applaudissements qui lui sont destinés, changera sa vie.

C'est l'élément déclencheur qui mène Marie-Mai à abandonner son côté rebelle et à se prendre en main. Dorénavant, elle va consacrer toutes ses énergies à faire ce qu'elle aime le plus au monde : chanter. Plus rien ne la fera dévier de sa route.

5

APPRENDRE À LA DURE

Marie-Mai décroche son premier emploi étudiant alors qu'elle a 16 ans, un poste de caissière dans une station-service. Cette expérience va tourner au cauchemar pour l'adolescente.

Après une formation d'une seule journée, elle se retrouve seule en charge du commerce dès le lendemain. La journée se déroule plutôt bien. Elle opère la caisse et gère la station d'essence. Mais à la fermeture, Marie-Mai oublie un « détail », ce qui la mettra dans un sérieux pétrin.

À cinq heures du matin le lendemain, elle reçoit un appel de son patron lui disant de ne plus se pointer au travail, que le commerce est fermé jusqu'à nouvel ordre. Elle a oublié de refermer la porte du lave-auto. Nous sommes en plein mois de janvier, et à cause du froid, les tuyaux ont gelé, puis éclaté.

Ce sera la première et dernière expérience de travail de Marie-Mai. Elle en garde encore aujourd'hui un souvenir amer.

Après ce court passage sur le marché du travail, Marie-Mai est encore plus convaincue que son seul véritable moyen de réussir sa vie est de faire carrière en tant que chanteuse.

Première étape : acquérir de bonnes bases en chant. Elle décide de s'inscrire à l'école de Johanne Raby. Elle y perfectionne le chant et la danse, et elle s'initie au théâtre et à la comédie musicale.

Marie-Mai se sent comme un poisson dans l'eau dans cet environnement. Elle explore, elle apprend et elle participe aussi à différents spectacles ici et là.

Elle découvre l'univers de Luc Plamondon, un producteur et parolier québécois renommé entre autres pour des comédies musicales telles que *Starmania* et *Notre-Dame de Paris*. Il est aussi l'auteur d'innombrables chansons interprétées par de grands chanteurs québécois tels que Diane Dufresne, Robert Charlebois, Martine St-Clair et Ginette Reno. Marie-Mai l'ignore, mais cette initiation à l'univers du grand parolier lui ouvrira des portes plus tard lors d'une importante audition...

En 2002, à l'âge de 17 ans, Marie-Mai fait partie du spectacle *Passion intense*, présenté au Théâtre National. C'est là qu'elle vivra sa première déception professionnelle.

Ce soir-là, des producteurs de l'émission *Mixmania* sont dans la salle. *Mixmania* est une émission québécoise diffusée sur VRAK.TV qui met en vedette de jeunes talents. Les producteurs sont subjugués par le talent de Marie-Mai, qu'ils rencontrent en coulisses après le spectacle.

— Tu es vraiment bonne et tu as exactement ce qu'il faut pour faire partie de notre émission. Ce serait un plaisir pour nous de t'avoir parmi nos jeunes, lance le producteur.

Marie-Mai saute de joie dans sa loge. Son rêve de faire carrière est-il enfin sur le point de se réaliser?

— J'oubliais, quel âge as-tu? lui demande-t-il.

— J'ai 17 ans, répond Marie-Mai.

Visiblement déçu, l'homme ajoute:

— Ah non, ce n'est pas vrai! C'est vraiment fâcheux. Tu ne peux pas participer à notre émission, qui s'adresse aux 16 ans et moins... Quel dommage!

La déception est énorme pour Marie-Mai. Elle est découragée de voir la porte de son rêve se fermer devant elle... mais elle est loin de soupçonner qu'un autre événement viendra bientôt la faire sortir de l'ombre: la belle et grande aventure de *Star Académie*!

6

DANS L'AUTOBUS
DE *STAR ACADÉMIE*

À l'automne 2002, Jeanne voit à la télévision qu'on lance un appel de candidatures pour une toute nouvelle émission. On recherche de jeunes talents pour un nouveau concept de téléréalité intitulé *Star Académie*. L'idée est de regrouper de jeunes chanteurs à huis clos, dans un lieu où ils pourront se consacrer à 100 % à la musique. Ils n'en sortiront que le dimanche, le temps d'un grand spectacle télévisé. Durant ce gala, ils mélangeront leurs voix à celles d'artistes reconnus dont ils chanteront les succès. Un candidat sera éliminé chaque semaine jusqu'à la grande finale. Le grand gagnant remportera un contrat de disque et une somme de quelques dizaines de milliers de dollars.

Après avoir entendu cette annonce, Jeanne s'empresse de monter à l'étage pour en informer

Marie-Mai. La productrice et animatrice Julie Snyder est à la recherche de gens comme elle !

Mais la réponse de Marie-Mai n'est pas celle à laquelle s'attend Jeanne :

« Grand-maman, c'est bien gentil, mais je n'aime pas trop les concours. Tu sais bien que ce n'est pas pour moi, ces affaires-là. »

Jeanne, qui connaît bien sa petite-fille, insiste et réussit à la convaincre de tenter sa chance. Quelques jours plus tard, Marie-Mai est en route vers Montréal pour passer sa toute première audition.

Lorsqu'elle se présente, portant le numéro 1284, devant le jury formé de Stéphane Laporte, Bill St-Georges et Dominique Savoie, elle fait bonne impression avec sa forte présence, son côté rebelle et son interprétation très personnelle de la chanson *Ziggy* de Luc Plamondon.

À la fin de son entrevue devant les caméras, Marie-Mai lance : « Chanter, c'est ma vie, je préfère le préciser. Je suis *écœurée* de chanter dans mon salon. J'ai chanté toute ma vie, pis là je me dis qu'il faut que j'avance et que je vive quelque chose de différent. La pire chose à faire, c'est de ne pas essayer. » Le moins que l'on puisse dire, c'est qu'elle va être servie.

***

Ding dong… Ding dong…

En ce soir de janvier 2003, le chien de Jeanne, Lasso, se met à japper en entendant les pas dans l'escalier, puis la sonnette de la porte d'entrée. Jeanne regarde alors par la fenêtre et entrevoit… Julie Snyder ! L'animatrice est à la porte de la maison. Marie-Mai est donc retenue pour participer à *Star Académie* ! Jeanne pleure de joie à l'idée que sa petite-fille, en laquelle elle croit depuis si longtemps, va enfin avoir sa chance.

Un instant plus tard, Marie-Mai descend à vive allure pour annoncer à sa première admiratrice la nouvelle que celle-ci a déjà devinée.

« Grand-maman, grand-maman… Ça y est, je suis choisie, je pars faire *Star Académie*! »

La petite-fille et sa grand-mère pleurent dans les bras l'une de l'autre durant de longues minutes… des larmes de joie! Une première grande porte s'ouvre pour Marie-Mai.

Le dimanche 16 février 2003 à 20 h, *Star Académie* est diffusée pour la première fois sur les ondes de TVA. Ils sont alors 20 candidats en lice, mais seulement 14 d'entre eux auront leur place dans l'autobus de *Star Académie*.

Marie-Mai fait partie des candidats dont la place est confirmée à l'Académie. Le reste du groupe est composé de sept garçons : Wilfred, Stéphane, Pascal, Martin, Dave, François et Jean-François, et de six autres filles : Émily, Marie-Élainc, les sœurs Annie et Suzie, Élyse et Maritza.

Marie-Mai est folle de joie lorsqu'elle apprend qu'elle prendra la route en direction de la maison de Sainte-Adèle, plus communément appelée l'Académie. D'un autre côté, c'est un brin insécurisant de se retrouver dans un autobus, en route vers un monde inconnu. Mais l'excitation et l'idée de partager sa passion pour la première fois avec d'autres jeunes de son âge prennent rapidement le dessus.

Ils sont 14 à « manger » de la musique, et ils sont tous plus affamés les uns que les autres d'en faire. Marie-Mai est emballée. En entrant dans le giron de *Star Académie*, elle franchit une étape importante de son grand projet de vie. Elle se rapproche de plus en plus de son rêve de petite fille.

Elle en a la confirmation dès qu'elle met les pieds pour la première fois au studio Mel's, à la Cité du cinéma. L'endroit est immense! Au centre se trouve une grande scène avec... un escalier métallique. C'est là que se produiront les spectacles de variétés du dimanche soir.

Lorsqu'elle voit ce décor, Marie-Mai se met à pleurer à chaudes larmes. C'est exactement la scène dont elle rêve depuis sa tendre enfance. Une scène plus grande que nature, digne des Britney Spears de ce monde.

Marie-Mai, très émue, se retrouve face à son rêve. Elle se dit qu'elle est à sa place, que c'est sa destinée et qu'elle se doit de la suivre.

La première fois qu'elle monte sur la grandiose scène de *Star Académie,* c'est pour chanter en duo avec France D'Amour. Marie-Mai se souviendra toute sa vie de cette performance, tout simplement parce que c'est dans ces quelques minutes que tout a changé pour elle.

Les premières secondes de la chanson, *Je n'irai pas ailleurs*, lui semblent interminables. Elle fait enfin ce dont elle a toujours rêvé, mais elle est si excitée et terrorisée que le temps semble figé. Elle chante de sa plus faible voix et prend bien peu de place sur la scène.

Mais dès que France D'Amour arrive, une véritable transformation s'opère chez Marie-Mai. Elle prend vite de l'assurance, elle place sa voix et elle devient la bête de scène que nous connaissons aujourd'hui, celle qui soulève les foules partout où elle passe.

Ce jour-là, en trois minutes et demie, Marie-Mai trouve sa personnalité artistique et gravit les premiers échelons vers la réalisation de son rêve d'enfance.

Durant les semaines qui suivent, elle a la chance de partager la scène avec Ginette Reno, Éric Lapointe, Claude Dubois, Les Respectables, Garou, Daniel Boucher, Serge Lama et plusieurs autres. La plupart d'entre eux sont étonnés de l'aplomb avec lequel elle performe sur scène.

Voyant qu'on a souvent tendance à lui proposer des chansons rock, Marie-Mai décide un jour d'aller en parler à Stéphane Laporte, le concepteur de l'émission. Elle lui dit qu'elle a envie de dévoiler une autre facette de sa personnalité. C'est de là que naît l'idée de la faire chanter en duo avec Dany Bédar. Pour Marie-Mai autant que pour le public, ce duo sera le plus marquant de tous. En chantant avec Dany Bédar le grand succès *Faire la paix avec l'amour,* Marie-Mai offre une prestation remarquable et se montre plus à l'aise que jamais sur scène.

Les vedettes qui défileront à l'émission n'auront que de bons mots pour elle. Le Québec n'a qu'à bien se tenir : un astre du nom de Marie-Mai brille désormais, et elle est tout sauf une étoile filante.

7

LA VIE SOUS LES PROJECTEURS

Dans la grande maison de Sainte-Adèle, les caméras font un bruit de robot constant, tout le jour et toute la nuit. BZZZZ.... BZZZZZZ... Marie-Mai, comme les autres candidats, a un peu de mal à s'habituer aux caméras qui sont braquées constamment sur elle.

Isolés du monde extérieur, les académiciens n'ont pas pleinement conscience de ce qui se passe, ni de l'ampleur de leur popularité. Ils pensent même, un peu naïvement, que leurs faits et gestes ne sont vus que par quelques milliers de personnes. En réalité, c'est plus de deux millions de paires d'yeux qui sont rivées sur eux, autant en semaine, lors des quotidiennes télévisées, que le dimanche soir, lors des spectacles de variétés.

Ce n'est qu'à leur première sortie, en route vers le deuxième spectacle, qu'ils se rendent compte de la grosse machine dans laquelle ils ont mis les pieds.

Ils sont à la fois amusés et bouche bée : des milliers de personnes scandent leurs noms partout où ils passent. Des gens klaxonnent à tout rompre sur l'autoroute 15 en reconnaissant l'autobus et les académiciens à son bord. Ils sont aussi un peu apeurés de voir la gigantesque foule qui les attend à la descente de l'autobus.

La fièvre *Star Académie* frappe le Québec de plein fouet. Des millions de personnes suivent de près l'évolution de leurs nouveaux enfants chéris.

Les participants doivent rapidement faire le deuil de leur anonymat. Lors de leurs rares sorties, ils sont entourés de gardes du corps, d'attachés de presse et de membres de l'équipe de production.

Plus moyen de passer incognito nulle part. Certains académiciens s'aventureront au dépanneur dès leur sortie de l'Académie, et ils verront à quel point il n'est plus possible d'errer librement sans devoir signer des tonnes d'autographes et se faire prendre sans cesse en photo.

D'ailleurs, Marie-Mai aussi doit apprendre rapidement l'art de signer des autographes. Elle signe simplement « Maib », son surnom à la polyvalente, qui est en fait la contraction de Mai et de Bouchard. Elle signe encore de cette façon aujourd'hui, plus de 12 ans plus tard.

Chaque semaine, les académiciens reçoivent des milliers de lettres et des cadeaux de toutes sortes. Des animaux en peluche, des photos, des bonbons, des produits de beauté, et même… du fromage en grains ! Il suffit que l'un des candidats mentionne son envie folle de manger du sucre à la crème ou du chocolat devant les caméras pour que plusieurs bonnes cuisinières en préparent de pleines boîtes, qu'elles expédient en vitesse vers la maison de Sainte-Adèle.

La première cuvée de *Star Académie* prendra une ampleur jamais égalée dans l'histoire de la télévision au Québec. Aucune des éditions suivantes ne parviendra à rivaliser en popularité avec celle de 2003.

Durant son parcours, Marie-Mai suit à la lettre les conseils de ses profs. Elle absorbe telle une éponge chaque information. Elle apprend beaucoup en écoutant la réalisatrice et metteure en scène Denise Filiatrault, la danseuse et chorégraphe Geneviève Dorion-Coupal et le champion olympique Bruny Surin. Elle aura la réputation d'étudiante la plus assidue et la plus sérieuse. Au sein du groupe, Annie Villeneuve, qui est plutôt réservée et calme, devient sa complice et amie.

Marie-Mai se prépare si bien pour les différentes évaluations qu'elle est la seule à ne pas être « mise en danger », la seule, donc, qui n'a pas à faire face à l'élimination. Elle connaît un parcours irréprochable durant les neuf semaines passées à l'Académie.

Le soir de la demi-finale, Marie-Mai se retrouve en compétition avec Marie-Élaine Thibert et Annie Villeneuve. Ce soir-là, malgré une interprétation convaincante de la chanson *Salaud* de Luc Plamondon, Marie-Mai ne gagne pas sa place en finale. Le public accorde plutôt une majorité de votes à Marie-Élaine Thibert. Celle-ci touche les spectateurs en plein cœur avec une performance vibrante de la chanson *Je ne t'aime plus* de Mario Pelchat.

Déçue, Marie-Mai n'est pourtant pas triste. Sa voie semble tracée, et des millions de jeunes s'identifient désormais à elle et scandent son nom partout où passe l'autobus de *Star Académie*. Sa victoire personnelle a été de se surpasser semaine après semaine et d'aller, pour la première fois, à la rencontre d'un public qu'elle fera sien.

Elle reçoit une belle marque de reconnaissance de la part de Luc Plamondon. Complètement chaviré par la maturité vocale dont a fait preuve Marie-Mai en demi-finale, l'auteur-compositeur lui écrit une lettre touchante. Il la remercie chaudement d'avoir choisi d'interpréter l'une de ses chansons. L'homme, qui a toujours su flairer le talent, qualifie Marie-Mai d'unique et de moderne. Il propose même de la prendre sous son aile et de contribuer aux textes de son prochain album. Le rendez-vous est lancé…

8

MOMENTS DE GLOIRE

Une foule monstre attend à l'extérieur du Métropolis de Montréal. En ce 3 avril 2003, la célèbre salle de spectacle est remplie à craquer. Les fans sont venus nombreux pour assister à l'événement de l'heure : c'est le jour du lancement officiel du disque *Star Académie*.

Les académiciens sont accueillis comme des demi-dieux par le public. La réponse à l'album est telle que le disque est certifié platine à peine deux jours après sa sortie. Cela signifie que 80 000 exemplaires se sont écoulés en 48 heures, un phénomène! À ce moment, le groupe est loin de se douter que le disque atteindra des ventes de plus de 500 000 exemplaires.

Au cœur de cette belle frénésie, Marie-Mai flotte sur un nuage. La grande popularité dont elle rêvait tant est enfin arrivée. Elle frétille comme un poisson dans l'eau dans cette nouvelle vie de star.

Même si les 14 enfants chéris du public ne sont plus au petit écran, la frénésie *Star Académie* se poursuit.

Juste avant le début des répétitions en vue de la tournée, les 14 nouvelles vedettes mesureront l'ampleur de leur popularité lors d'un voyage sous le soleil de Cuba.

Plusieurs fans de l'émission font alors leur enquête et réussissent à repérer l'hôtel où logent les académiciens. Des centaines d'admirateurs envahissent l'endroit. C'est la folie ! Du coup, les jeunes chanteurs sont prisonniers de leur hôtel. Ils passeront la totalité de leurs vacances enfermés dans leur chambre, à jouer aux cartes.

Débute ensuite une importante série de spectacles, une vaste tournée qui mène la troupe aux quatre coins du Québec, et 17 fois au Centre Bell. Marie-Mai se plaît beaucoup dans cette vie de tournée, même si elle peut s'avérer épuisante. Les académiciens donnent parfois deux représentations le même jour ! Et c'est sans compter les heures consacrées aux répétitions et aux séances d'autographes...

Un ennui de santé viendra compromettre la performance de Marie-Mai. De sérieux problèmes de voix l'obligent à consulter d'urgence un spécialiste. Le verdict vient la frapper en plein visage : elle a des nodules aux cordes vocales. Le médecin la prévient : si elle ne met pas sa voix au repos, elle peut mettre une croix sur sa carrière.

Marie-Mai est dévastée à la simple idée qu'elle puisse devoir arrêter de chanter un jour. Elle décide de s'armer de discipline et de se plier aux recommandations strictes du médecin spécialiste. Depuis cette expérience, elle doit continuer de ménager sa voix. Au besoin, elle doit cesser de parler complètement pendant quelques jours avant un spectacle.

Malgré ce pépin, Marie-Mai savourera pleinement le reste de la grande aventure de *Star Académie*. Mais même sous les feux de la rampe, une question la préoccupe de plus en plus… Qu'arrivera-t-il après?

9

Après *Star Académie*

Lorsqu'elle monte sur la scène du Centre Bell pour la dernière fois avec *Star Académie*, Marie-Mai imagine qu'elle prend une photo de la foule. Elle veut graver ce souvenir dans sa tête. Les larmes aux yeux, elle se dit que plus jamais elle ne chantera dans cet endroit. Qu'un *buzz* comme celui-là n'arrive qu'une seule fois dans une vie. La fin de la tournée *Star Académie* approche... Un chapitre de sa vie se termine.

Les premiers mois après la tornade *Star Académie* sont plutôt calmes. La poussière retombe tranquillement et Marie-Mai, pendant cette période creuse, se remet en question. Et si tout ça n'était qu'un feu de paille?

Le temps passe. Le téléphone ne sonne pas. Parmi ses anciens camarades, Wilfred, Marie-Élaine, Annie et Émily travaillent tous activement sur un projet d'album. Marie-Mai lance des appels, cogne aux portes, mais rien ne se produit. Tout semble être à refaire.

Sous les bons conseils de Julie Snyder, elle décide de se rendre à Dublin, en Irlande, pour rencontrer Luc Plamondon. Ce dernier a manifesté l'envie de travailler avec elle. Qui sait, peut-être va-t-elle récolter quelques textes pour son éventuel premier disque?

Après plusieurs heures de vol et une balade en taxi, Marie-Mai débarque dans le grand salon de monsieur Plamondon. L'amitié entre le parolier et la chanteuse se développe davantage. Elle échange avec celui-ci sur son travail, ses méthodes d'écriture et ses sources d'inspiration.

Luc Plamondon lui fait visiter la ville. Marie-Mai est charmée par la beauté des paysages verdoyants et aussi par les nombreux pubs, ces endroits festifs où les Irlandais se retrouvent pour boire et manger! Surtout, elle remarque l'absence totale de gratte-ciel dans la ville.

Au bout de quelques jours passés avec le grand auteur-compositeur, elle se sent à l'aise au point de proposer à son hôte de lui faire entendre quelques bribes de ses textes.

Elle s'installe au piano et chante de petits bouts des chansons qui remplissent son calepin depuis sa sortie de *Star Académie.* Celles-ci sont majoritairement écrites en anglais. L'homme l'écoute attentivement, ancré dans son fauteuil.

« I've been alone sitting here
In this infinite cold
I'm in this room alone and I have no fear
All I can feel is this lonely tear. »

(« J'étais seule assise ici/Dans ce froid infini/Seule dans cette pièce, je n'ai pas peur/Tout ce que je ressens, c'est cette larme solitaire. »)

« Mais tu n'as pas besoin de moi ! » lui lance l'homme à la chevelure blonde et aux lunettes fumées, avant d'ajouter : « C'est très bien, et je pense aussi que tu as en toi ce qu'il faut pour écrire en français. »

Ces mots, la jeune femme n'est pas près de les oublier. Elle reviendra de ce voyage gonflée à bloc. Durant le vol du retour, les mots se bousculent dans sa tête et apparaissent dans son petit calepin pour la première fois en français. Elle fait le pari audacieux d'écrire elle-même les textes de certaines des chansons de son premier album.

**

Peu de temps après, Marie-Mai décide de faire le saut en dehors du nid familial. Elle se prend un appartement à Montréal. Elle a envie de liberté, et c'est aussi là qu'elle sera dans le feu de l'action et pourra travailler sur sa musique.

Elle se plaît bien dans son petit appartement de l'est de la ville. Mais elle ne cache pas que le confort de la maison familiale de Boucherville lui manque un peu.

Grâce à sa chevelure platine, elle ne passe pas inaperçue dans son nouveau quartier. Le public, qui entend beaucoup moins parler d'elle, l'accoste pour lui demander :

— Marie-Mai, qu'est-ce que tu fais? On ne te voit plus! Vas-tu sortir un disque?

— Je ne fais rien pour l'instant, mais je travaille là-dessus, répond désespérément Marie-Mai.

La chanteuse est découragée. C'est le vide sur le plan professionnel, et elle commence sérieusement à se demander quoi faire. C'est alors que sa bonne étoile se manifeste : elle tombe sur un appel d'offres dans le journal.

RECHERCHÉ
Notre compagnie de production
de spectacles est actuellement
à la recherche de jeunes qui sont fous
de musique rock pour combler des rôles
dans une comédie musicale.
Si cela vous intéresse,
téléphonez au...

Marie-Mai décide de tenter sa chance. Sans même savoir quel est le projet dont parle l'article, elle prend le téléphone et compose rapidement le numéro. Après une brève conversation avec un des producteurs, elle apprend que la maison compte monter *Rent*, une pièce de l'auteur américain Jonathan Larson. Il s'agit d'une adaptation moderne de l'opéra *La Bohème* de Puccini. À ce moment-là, la version américaine fait fureur sur Broadway à New York.

Marie-Mai auditionne pour le rôle de Mimi, une rebelle au caractère explosif. À la première rencontre, elle fait bonne impression, et les producteurs la convoquent pour une seconde audition avant de lui confier le rôle. Elle passe donc l'été 2004 sur la scène de L'Olympia de Montréal, en compagnie entre autres de Jean-François Bastien, son collègue de *Star Académie*. Celui-ci incarne Roger, le premier rôle masculin.

Pour se préparer à jouer le rôle de Mimi, Marie-Mai doit s'entraîner plusieurs heures par jour. C'est une expérience nouvelle pour celle qui dit, à la blague, que le seul exercice physique qu'elle fait régulièrement, c'est s'asseoir sur son divan devant la télé et marcher jusqu'au réfrigérateur.

L'aventure *Rent* mènera Marie-Mai à New York. Là-bas, elle rencontrera Mel B, une des chanteuses du groupe Spice Girls, très populaire à l'époque. C'est elle qui incarne Mimi dans la version new-yorkaise du spectacle. Marie-Mai est sans mot, elle se pince pour être bien certaine de ne pas rêver. La voilà devant une de ses idoles de jeunesse !

La star est d'une simplicité et d'une gentillesse exemplaires, et elle prodigue de précieux conseils à Marie-Mai sur la façon d'incarner Mimi et d'interpréter les différentes chansons.

Marie-Mai assiste au spectacle à quelques reprises et passe même une soirée entière avec Mel B, qui l'invitera à chanter avec elle et avec le reste de la distribution lors de sa dernière soirée en ville.

Marie-Mai profite aussi de ces quelques jours sur l'île de Manhattan pour découvrir un peu la ville, une ville qu'elle adore pour son énergie et sa frénésie. Adepte de magasinage, elle fait les boutiques dans le quartier Soho et à Times Square, où une autre surprise de taille l'attend.

Alors qu'elle déambule dans la rue, elle tombe nez à nez avec Britney Spears ! La vraie, celle dont les affiches ornaient les murs de sa chambre jadis. Mais Marie-Mai, sous le choc, n'ose pas lui adresser la parole. Elle se contente simplement de la regarder jusqu'à ce qu'elle disparaisse dans la foule. Chose certaine, elle se souviendra longtemps de ce voyage à New York.

De retour à Montréal, elle a beau se donner corps et âme sur les planches dans son rôle de Mimi, la comédie musicale n'obtient pas le succès escompté. Les quatre lettres de *Rent* sont décrochées de la marquise du grand théâtre après à peine 30 représentations.

Malgré sa déception, Marie-Mai ne voit pas cela comme un échec. Bien au contraire, elle a pu gagner une certaine expérience de la scène. Elle se sent plus prête que jamais à travailler sur son premier disque, un projet qu'elle avait repoussé pour pouvoir incarner Mimi.

Ce projet d'album la mènera à faire une rencontre déterminante.

10

UN TANDEM EST NÉ

Marie-Mai sait que l'enregistrement d'un premier disque est une étape importante dans sa carrière de chanteuse. C'est la raison pour laquelle elle veut prendre son temps pour être certaine de ne pas se tromper. Elle a beau avoir un bon répertoire de chansons dans ses tiroirs, elle a du mal à trouver une ligne directrice, un son à elle. Il lui faut quelqu'un de confiance qui va s'ouvrir à son univers et l'aider à démêler tout ça.

Devant cette prochaine étape, Marie-Mai éprouve un certain vertige à l'idée de se retrouver seule. Elle sort de deux expériences de groupe très intenses. Tout est allé très vite, et elle n'a plus derrière elle, désormais, la grosse équipe de *Star Académie*. Cependant, elle doit battre le fer pendant qu'il est chaud, elle doit faire avancer les choses. Mais comment s'y prendre? Par où commencer?

Elle a été propulsée dans les hautes sphères du show-business et maintenant, elle doit travailler fort pour garder sa place. Mais est-ce que le public va la suivre dans tout ça? Comment va-t-elle s'y prendre pour réaliser son premier disque? Avec qui va-t-elle travailler? Marie-Mai vit un moment d'angoisse...

« Ne t'en fais pas, on va te faire rencontrer un bon lot de réalisateurs et tu vas finir par trouver la bonne personne, celle avec qui tu vas avoir le goût de travailler et de faire de la musique », lui dit alors Anne Vivien, sa directrice artistique.

Le premier réalisateur que rencontre Marie-Mai se nomme Fred St-Gelais. Il semble être la personne toute désignée pour travailler avec elle, puisqu'il a collaboré avec d'autres jeunes chanteuses comme Andrée Watters et Gabrielle Destroismaisons.

Le jeune homme à l'allure plutôt rebelle, avec son crâne rasé et ses tatouages, reçoit la chanteuse dans son studio.

Marie-Mai est fonceuse, énergique et, surtout, elle sait ce qu'elle veut. Rapidement, une bonne connexion s'établit entre eux. Ils découvrent qu'ils ont beaucoup d'affinités et qu'ils partagent les mêmes goûts musicaux.

Fred accepte de tenter le coup et de faire un essai avec Marie-Mai. Ils se mettent à réécrire ensemble certains textes. Ils grattent la guitare, le piano, ils composent, ils font différents tests.

Le résultat est concluant, même excellent. En quelques jours, ils enregistrent ensemble quatre chansons qu'ils présentent à Julie Snyder et à l'équipe des Productions J.

Les dirigeants sont sous le charme. Ils aiment ce qu'ils entendent. Désormais en confiance, ils vont même jusqu'à accorder toute liberté créative au nouveau tandem.

Julie Snyder dit déjà de Marie-Mai qu'elle a une maturité artistique impressionnante pour son âge et qu'elle n'a pas besoin d'être guidée, contrairement à d'autres.

L'interprète a donc carte blanche pour le choix des chansons, des musiques, des collaborateurs, des photos de la pochette et de tout le reste. C'est une situation plutôt rare pour un artiste qui en est à ses premiers pas dans le métier.

Marie-Mai et Fred s'enferment donc dans un studio pendant deux mois. Chaque jour, la chanteuse et le réalisateur travaillent fort pour sélectionner les chansons qui feront partie de ce premier opus.

Après trois mois de travail, c'est à New York, dans le prestigieux studio Masterdisk, que le disque est enregistré. C'est selon les experts le meilleur endroit pour produire un album rock.

Durant le processus de création de l'album, une grande complicité se développe entre Marie-Mai et Fred. Lors de la dernière journée de production, Marie-Mai arrive au studio pour écouter le résultat final.

Ce soir-là, Fred et elle écoutent deux fois l'album. Ensuite, ils se regardent longuement. Le travail qu'ils avaient à faire ensemble est terminé, ils devront partir chacun de leur côté.

Mais Marie-Mai n'a pas envie de s'en aller. L'amour a fait son nid, et la chanteuse ne quittera plus son grand complice.

||

INOXYDABLE

Marie-Mai affirme avoir un côté « inoxydable »,
car il n'y a pas grand-chose qui peut la détruire ou
la ternir. Son premier disque est exactement à son
image.

Composé de 13 chansons, il dévoile une Marie-Mai
beaucoup plus rock que celle de *Star Académie*.
En plus des textes composés avec Fred St-Gelais,
s'y trouve également *Seule à Montréal*, une chanson signée par Jean-Pierre Bouchard, le père de
Marie-Mai. Celui-ci l'a composée à l'époque où il
débarquait seul dans la métropole pour tenter de
faire carrière comme chanteur. S'ajoute aussi à
l'album une version transformée de *Salaud* de Luc
Plamondon.

Marie-Mai est fière du résultat. Elle ne pouvait
pas espérer mieux comme premier album. Elle
passe les mois suivants à en faire la promotion un

peu partout au Québec. Au départ, les ventes ne fracassent aucun record. Il faut plusieurs mois à Marie-Mai pour parvenir à trouver son public. Elle ira les chercher un à un, à force de persévérance et d'acharnement.

Elle reçoit un bon coup de pouce quand le chanteur Éric Lapointe, qui aime bien la fougue et le côté rock de Marie-Mai, fait appel à elle et lui confie quelques-unes de ses premières parties. La scène du rocker sera la cour d'école de Marie-Mai lors de sa tournée *Coupable*.

C'est l'occasion idéale, pour la chanteuse et ses musiciens, de roder leurs différentes chansons. Éric chante même en duo avec elle sur scène. Il lui donnera de précieux conseils. « Marie-Mai, je sais que tu es habituée avec *Star Académie* à des effets spectaculaires, des feux d'artifice pis des divans qui descendent du plafond. C'est bien beau, ça, mais pour un rocker, ce qui compte, c'est la performance et non les artifices. » Marie-Mai apprend beaucoup aux côtés d'Éric Lapointe, qui est déjà un pro de la scène à l'époque.

***

Puis, vient le jour où c'est le moment de se lancer ! En avril 2005, à Montréal, Marie-Mai présente son propre spectacle pour la toute première fois. Nerveuse, la chanteuse n'a pas dormi durant les trois nuits qui précèdent le grand jour.

Après des répétitions intensives, et après avoir passé des semaines à tout remettre en question, la chanteuse et ses quatre musiciens sont fin prêts. Marie-Mai interprète toutes les chansons de son album, mais elle puise aussi dans le répertoire d'autres artistes. Elle y va de reprises de ses groupes préférés tels que Green Day, The Cranberries et Nirvana. Elle se permettra même une incursion dans le répertoire de Boy George et de son groupe Culture Club, en servant à son public une version à la sauce punk-ska du succès *Karma Chameleon*.

Elle jouera de la guitare pour la première fois devant un public. Pour s'y préparer, elle a dû répéter pendant trois mois. Dans ce premier spectacle solo, elle se montrera sous toutes ses facettes.

Cependant, coup de théâtre! En ce soir de première, une panne d'électricité plonge la salle dans l'obscurité et interrompt le spectacle pendant plusieurs minutes. Marie-Mai panique un peu au début, mais le malaise se transforme rapidement en un moment magique. Ses musiciens et elle se réunissent autour de Fred, à la guitare. Marie-Mai chante *Seule à Montréal* à ses côtés, alors que les autres membres du groupe éclairent la scène avec des lampes de poche. Encore aujourd'hui, Marie-Mai chérit ce souvenir. Lors de la tournée *Version 3.0*, elle intégrera même au spectacle un moment spécial où elle chantera une pièce en version acoustique, éclairée à la lampe de poche, en souvenir de cette mémorable et imprévisible soirée.

Durant cette première tournée, le public présent est comblé et les ovations se multiplient. Pourtant, les salles sont parfois presque vides. Seules les quatre ou cinq premières rangées sont occupées.

Marie-Mai essaie de ne pas trop s'en faire. De toute façon, il n'est pas question de baisser les bras. Peu à peu, au fil des semaines, le bouche à oreille fait son effet. De plus en plus de gens s'entassent pour aller entendre Marie-Mai, et ils sont plus nombreux à se procurer son album. Elle donnera au total 87 représentations de son spectacle un peu partout au Québec.

À la fin de l'été, pas moins de 45 000 personnes se déplaceront pour l'entendre lors du spectacle de clôture des Francofolies. Marie-Mai est heureuse d'aller de nouveau à la rencontre de son public. Il est moins imposant que celui de *Star Académie*, mais c'est son public à elle. Lentement mais sûrement, elle rassemble autour d'elle un groupe de fans enthousiastes.

Parmi ceux-ci, Carole Volikakis est probablement la plus fidèle. Marie-Mai la rencontre pour la première fois dans un centre commercial en 2004.

« Marie-Mai, ça n'a pas de sens que tu n'aies pas de site Web. Ce serait le moyen idéal pour être en lien avec tes fans. Moi, je vais t'en faire un », lance la femme.

Marie-Mai acquiesce gentiment. Cette anecdote s'est déroulée bien avant l'ère des réseaux sociaux. Ce jour-là, Carole a été visionnaire! Le site marie-mai.ca est véritablement devenu un lieu de rencontre entre Marie-Mai et ses fans. La chanteuse alimente régulièrement la page, où elle se confie à ses fans comme dans un journal intime. Carole y ajoute des photos, et des informations sur la chanteuse et sur ses activités. Pour suivre Marie-Mai, Carole s'initie alors à la photographie. Elle développe un réel talent.

Carole est aujourd'hui la photographe officielle de Marie-Mai en tournée. Elle assiste à presque tous les spectacles et événements auxquels participe la chanteuse. Pour Marie-Mai, les photos de Carole sont souvent les plus réussies. Celle-ci connaît bien son sujet, elle l'a photographiée plus que quiconque. Elle sait comment la capter sur le vif. La chanteuse n'a jamais la bouche ouverte ou les yeux fermés, car sa photographe sait exactement quand il faut faire « clic ». Carole est une personne importante dans l'environnement de Marie-Mai. Dix ans plus tard, le site Web existe toujours, et elle est toujours aussi fidèle au poste.

Un an jour pour jour après la sortie de l'album *Inoxydable*, Marie-Mai reçoit son premier disque d'or des mains de Julie Snyder, sur le plateau de *Star Académie 2005*.

« Tu sais qu'*Inoxydable* est en nomination pour l'album rock de l'année au gala de l'ADISQ, mais ce que tu ne sais pas, c'est que ton album n'est pas juste inoxydable, il est d'or », lui dit l'animatrice.

Pour Marie-Mai, c'est le summum. Jamais elle ne se serait attendue à récolter un disque d'or. C'est en versant des larmes de gratitude qu'elle le reçoit.

12

DESTINATION FRANCE

Alors que son succès semble bien implanté au Québec, Marie-Mai traverse l'Atlantique, son album sous le bras, afin de présenter celui-ci aux Français. Là-bas, elle est complètement inconnue. En mettant les pieds à Paris, elle ne se sent pas du tout à l'aise. Il faut dire qu'avec son style rock, sa fougue et sa voix explosive, elle détonne du genre de chanteuse en vogue à ce moment en France.

Les médias français ne s'intéressent pas spontanément à un nouvel artiste. Il faut y aller de façon stratégique et orchestrer une vraie campagne de charme. Marie-Mai accorde bien quelques entrevues dans les journaux locaux et pour quelques stations de radio, mais les grands médias ne s'intéressent pas encore à elle.

Marie-Mai ne se décourage pas, bien au contraire. Elle voit cela comme un nouveau défi. Après l'immense popularité de *Star Académie*, cela lui permet de garder les deux pieds sur terre. Le succès n'est assuré ni en Europe, ni aux États-Unis. La jeune femme est bien consciente que rien ne sera facile.

Ne voulant pas négliger ses fans québécois, Marie-Mai refuse de s'installer à Paris pour une longue période. Elle préfère faire plusieurs aller-retour, parfois pour une tournée d'entrevues, parfois pour de petits spectacles, appelés *showcase*, présentés devant les gens de l'industrie musicale.

Même en partageant sa vie entre deux continents, Marie-Mai continue de recevoir de belles preuves d'amour de son public québécois. Durant l'année 2006, elle obtient son premier prix à KARV l'anti. gala, de la chaîne VRAK.TV, où elle est élue artiste ayant le look le plus cool de l'année.

Au cours des mois suivants, une série d'événements heureux permettent à Marie-Mai de profiter d'une certaine visibilité en France. Elle triomphe à l'émission *Hit Machine* sur la chaîne M6.

C'est une vitrine sans pareille, et son clip *Encore une nuit* tourne sur cette populaire chaîne durant tout l'été. Ayant remporté le plus de votes parmi les jeunes talents, Marie-Mai est élue Talent M6.

Invitée à chanter son succès sur les ondes, elle découvre avec stupéfaction que les gens dans la salle connaissent les paroles. Ils chantent avec elle ! Ce soir-là, des millions de personnes posent les yeux sur la jeune Québécoise.

Au cours de cette même année, Marie-Mai reçoit un coup de fil du chanteur Garou qui lui fait une offre irrésistible : il l'invite à se produire pendant quatre soirs en première partie de son spectacle, au mythique Olympia de Paris. Cette salle peut accueillir près de 2000 personnes ! De grands noms de la chanson française tels que Dalida, Édith Piaf, Jacques Brel et Barbara y ont entre autres chanté.

Marie-Mai déborde de joie à l'idée de chanter devant les fans de Garou et d'aller à la rencontre d'un nouveau public. Le chanteur la présente ainsi à ses fans :

«Bonsoir, Paris. J'ai le plaisir de vous présenter une artiste que j'aime beaucoup. Elle chante à merveille, elle fait du rock comme personne et elle est magnifique. Accueillez chaleureusement Marie-Mai!»

Marie-Mai accompagnera Garou pour 20 spectacles qui la mèneront en Suisse, à Monaco et en Allemagne. Durant cette période, elle présentera aussi son premier spectacle solo au Bataclan de Paris.

Puis tout s'arrête pour Marie-Mai : sa compagnie de disques française ferme subitement ses portes. Le rêve de conquérir le marché français est reporté à plus tard. Déçue, Marie-Mai rentre à Montréal. Mais elle n'a pas dit son dernier mot, et les Français réentendront parler d'elle bientôt.

Par ailleurs, elle s'apprête à vivre une journée très spéciale qui lui fera oublier ses ennuis.

***

À l'été 2006, en plein cœur de Central Park, le plus grand parc de New York, Marie-Mai se fiance à Fred. Les tourtereaux ont choisi cet endroit pour échanger leurs vœux, car cela leur rappelle le premier voyage qu'ils ont fait ensemble. En tête-à-tête, ils se font la promesse de toujours rester ensemble. Après avoir échangé leurs alliances, ils restent un long moment main dans la main sous un grand arbre.

Marie-Mai, plus amoureuse que jamais de son beau Fred, est heureuse. Au retour de ce voyage, le couple poursuivra le travail entamé sur le deuxième album. Marie-Mai est fort emballée par ce retour en studio. Elle a bien hâte de présenter du nouveau matériel à ses fans.

13

L'AVENTURE *DANGEREUSE ATTRACTION*

Le temps d'une journée, La Ronde devient le terrain de jeu de Marie-Mai. En ce 28 août 2007, le manège Goliath est rebaptisé *Dangereuse attraction*. C'est le jour du lancement du deuxième album de Marie-Mai. Ce nouveau disque surprend par un son différent de celui d'*Inoxydable*. Marie-Mai y explore des sonorités électro-pop-rock.

« Pour ce disque, on ne s'est pas mis de barrières. On a exploré différents styles. J'en suis très fière puisque j'ai composé toutes les chansons avec Fred, et j'espère que vous allez l'aimer », lance Marie-Mai aux nombreux fans présents pour l'occasion.

L'accueil du public est tel que l'album est certifié or un an jour pour jour après sa sortie. Les trois extraits radio *Qui prendra ma place*, *Mentir* et

Emmène-moi se hisseront au sommet des palmarès radiophoniques.

Ce succès aura d'heureuses conséquences, que Marie-Mai ne soupçonne pas encore.

***

Alors qu'elle revient d'un mois de vacances en Californie avec Fred, Marie-Mai est convoquée dans le bureau de sa gérante, Marianik Giffard.

— Marie-Mai, pour ton prochain spectacle à Montréal, on va devoir changer de salle…, lui dit-elle.

— On va se produire dans une salle plus petite, c'est ça?

— Non. Pour répondre à la demande, on a pensé le faire au Centre Bell!

Un large sourire apparaît sur le visage de la chanteuse, mais fait rapidement place à une certaine panique.

— Mais vous êtes fous ! Je ne serai jamais capable de remplir le Centre Bell à moi toute seule ! lance alors Marie-Mai.

Elle a tort. Sa tournée est un immense succès. Le spectacle au Centre Bell a lieu à guichets fermés. Elle reproduira l'exploit quelques mois plus tard, en y faisant une fois de plus salle comble.

***

Lors du gala de l'ADISQ 2008, une prestigieuse soirée organisée par l'Association québécoise de l'industrie du disque, Marie-Mai reçoit son premier prix Félix en carrière, celui de l'album rock de l'année. C'est Marjo, une de ses idoles, qui lui remet la statuette baptisée en l'honneur du grand poète et chansonnier Félix Leclerc.

Ce soir-là, Marie-Mai est magnifique dans sa longue robe bourgogne bordée de plumes, et avec sa chevelure nouvellement rousse. En arrivant au micro, elle pousse un grand cri de joie.

« Ahhhhhhhhhhhh ! Merci, merci et merci. Recevoir ce prix-là par Marjo en plus, je ne pouvais pas demander mieux. »

Elle tente de reprendre son souffle, puis poursuit.

« Y a un nom qui me vient en tête et c'est celui de Fred St-Gelais, le réalisateur de l'album. Merci pour tes musiques. Tu trouves des mots où moi je n'en trouve pas... Ensemble, on est vraiment extraordinaires. Je t'aime », dit-elle avant de conclure ses remerciements.

Des statuettes et des prix, Marie-Mai en gagnera plusieurs. Elle les posera un après l'autre sur le piano qui trône dans son salon. Aujourd'hui, neuf Félix s'y tiennent côte à côte et viennent lui rappeler tout le chemin parcouru. Ces prix sont une autre forme de récompense pour tant d'efforts... Ils sont une grande source de fierté pour Marie-Mai.

14

MARIE-MAI, *VERSION 3.0*

Il est presque midi en ce jour de septembre 2009, et la rue Sainte-Catherine est bondée comme d'habitude. Un passant remarque une foule d'une centaine de jeunes entassés devant les portes du Métropolis.

— Mais qu'est-ce que vous faites ici? demande-t-il à l'une des jeunes filles.

— Ce soir, c'est le lancement de *Version 3.0*, le nouvel album de Marie-Mai, lance Maude, 10 ans, qui s'affiche comme la plus grande fan de Marie-Mai. Elle attend avec impatience l'ouverture des portes en compagnie de sa petite sœur, Sara-Lou.

— C'est qui ça, Marie-Mai? rétorque l'homme.

— C'est la plus grande chanteuse du monde entier! ajoute Sara-Lou.

— Bien… avec Céline Dion, précise Maude.

Ils seront finalement 2500 à s'entasser dans la salle pour entendre Marie-Mai donner un aperçu de son nouvel opus, son troisième. Des milliers d'autres vont suivre la soirée à la maison devant leur ordinateur, puisqu'il est possible d'assister en direct à l'événement sur le site Internet de la chanteuse.

En arrivant sur scène, Marie-Mai est la première surprise par le nombre de personnes présentes. Elle n'en revient pas ! Elle qui, deux minutes auparavant, se demandait si le public répondrait à l'appel. Tout à coup, en voyant la foule, elle se sent fébrile comme si c'était son tout premier spectacle, comme si elle n'avait jamais fait ça de sa vie.

Pour son nouveau disque, Marie-Mai arrive avec une nouvelle image. Elle a désormais les cheveux bruns. Elle aime souvent changer de look lorsqu'elle présente de nouvelles chansons. Cela lui permet de tourner la page.

D'ailleurs, elle a dû porter une perruque pendant plus d'un mois et demi avant le lancement. Lorsqu'elle a présenté sa nouvelle tête à son équipe, celle-ci a eu l'idée de garder la surprise jusqu'à la sortie de l'album. Par conséquent, pendant plus d'un mois, même sur scène, elle a été coiffée d'une perruque, en plus d'une tuque parfois ! Il faisait très chaud et ça piquait. Elle se sent donc libérée ce jour-là. Enfin elle peut s'afficher en tant que brunette !

Version 3.0 confirme Marie-Mai à titre de nouvelle reine du rock au Québec. L'album, comme les deux précédents, sera couronné de succès, ce qui la propulsera dans une vaste tournée de 105 spectacles, dont trois au Centre Bell.

La plus grande surprise survient au gala de l'ADISQ un mois plus tard : Marie-Mai reçoit non pas une, mais bien deux statuettes. Elle repart avec le prix de l'album rock de l'année, mais aussi avec celui de l'interprète féminine de l'année. Ce second prix constitue une véritable consécration pour elle. Sous le coup de l'émotion, elle fond en larmes.

« Quand j'ai commencé il y a sept ans, du haut de toute ma naïveté, la seule chose que je voulais faire c'était chanter, pis sept ans plus tard, y a rien de ça qui a changé. J'ai toujours autant de plaisir à faire ce que je fais et c'est grâce à chacun d'entre vous », s'exclame-t-elle.

Peu de temps avant Noël, on lui décerne un disque platine pour plus de 80 000 exemplaires vendus. Marie-Mai est très émue, d'autant plus qu'elle reçoit ce prix des mains de sa grand-mère et de sa mère, qui font une apparition-surprise lors de la remise du disque !

« Mais qu'est-ce que vous faites ici ? » lance-t-elle en pleurant de joie.

Sans elles, Marie-Mai n'aurait probablement jamais fait ce métier. Lors des entrevues qu'elle accordera par la suite, Marie-Mai dédiera cette récompense à ces deux femmes si précieuses.

L'année 2009 est à ce jour sa plus importante en carrière, et c'est loin d'être terminé.

15

L'ÈRE DES DUOS

Marie-Mai aime les tatouages. Elle porte un motif tribal dans le dos, des étoiles sur une hanche, un dragon sur l'autre. Elle arbore aussi son prénom en kanji (idéogramme d'origine japonaise) et des étoiles dans le milieu du dos. S'ajoute à cela la mention « *Better together* » (plus forts ensemble), un clin d'œil à sa relation avec son amoureux Fred, sur l'avant-bras gauche. C'est aussi le titre de leur chanson favorite du chanteur américain Jack Johnson.

Elle s'est aussi fait tatouer sur le bras le nom de son filleul Éli, le fils de Soline, quelques jours après sa naissance. Pour Marie-Mai, chaque tatouage doit avoir une signification.

À une certaine époque, elle portait également plusieurs perçages, dont un sur la langue, ce qui décourageait beaucoup sa mère. France a même offert à Marie-Mai la somme de 1000 $ pour qu'elle s'en débarrasse, mais la jeune femme a catégoriquement refusé. Quelques années plus tard, elle décidera de l'enlever délibérément.

À l'hiver 2010, Marie-Mai fait marquer sa peau de la mention « *Done that* », deux mots très représentatifs à ses yeux. Cette nouvelle inscription signifie : « C'est fait. » Son fidèle bassiste, Robert Langlois, porte le tatouage « *Been there* », qui signifie : « J'y suis allé. »

Ce tatouage symbolise pour Marie-Mai un moment crucial : sa prestation aux Jeux olympiques d'hiver de Vancouver. Lors de la cérémonie de clôture des Jeux, elle chante *Emmène-moi* devant pas moins de 3 milliards de téléspectateurs.

Ce soir-là, des gens du monde entier découvrent la chanteuse québécoise pour la première fois. À la suite de cette performance, Marie-Mai reçoit des centaines de messages admiratifs provenant de partout sur la planète. Un nouveau public s'intéresse désormais à elle, et elle compte bien aller à sa rencontre un jour.

***

Un jour où elle est dans les studios de la chaîne *Musique Plus,* Marie-Mai croise le chanteur David Usher, un artiste pour lequel elle a beaucoup d'admiration.

« Marie-Mai, j'aime beaucoup ce que tu fais et j'aimerais que tu m'écrives quelques chansons en français. Il faut absolument que l'on fasse un duo ensemble ! » lui propose-t-il.

Avec Fred, Marie-Mai se met au travail et écrit *Je repars.* C'est son premier enregistrement en duo en carrière. Cette chanson devient le premier numéro 1 de Marie-Mai ; le titre atteint la première place du Top 100 BDS du Québec. Grâce à cette chanson, Marie-Mai touche un plus large public encore.

Durant la même période, elle reçoit une proposition bien spéciale de la compagnie de disques Sony. On lui demande de faire un duo avec le défunt Elvis Presley, une icône de la musique! Celui qu'on surnomme le King a marqué l'histoire du rock'n'roll dans les années 1950.

Grâce à la technologie, Marie-Mai chantera avec Elvis son classique *Love Me Tender*. Cette piste se retrouvera sur le disque *Viva Elvis,* inspiré du spectacle du Cirque du Soleil à Las Vegas. La chanteuse n'aurait jamais pu se douter qu'elle chanterait un jour avec le King, décédé en 1977, sept ans avant sa naissance!

Marie-Mai a grandi en écoutant les films en noir et blanc d'Elvis Presley, qui était aussi acteur. À 7 ou 8 ans, elle les regardait avec sa grand-mère. Elle le trouvait tellement beau. Il fut son premier *kick.* Plus tard, elle a découvert sa musique et elle aimait particulièrement la ballade *Love Me Tender.*

Ce fut tout un défi d'enregistrer sa voix par-dessus celle du King. Elle a dû travailler très fort pour trouver la tonalité qui se marierait parfaitement avec la sienne. Elle a passé plusieurs heures dans le studio avec Fred pour y parvenir. Et le résultat final est grandiose.

Dans les mois suivants, on propose un autre duo à Marie-Mai. Le populaire groupe Simple Plan, qui obtient un vif succès à l'étranger, fait appel à sa voix pour la chanson *Jet Lag*. Il s'agit du premier extrait de leur quatrième album, et d'une première chanson francophone pour le groupe québécois.

La chanson obtient un grand succès autant au Québec qu'en Europe. Marie-Mai accompagnera d'ailleurs le groupe en France pour une importante campagne de promotion. Ensemble, ils remporteront le prix du duo francophone de l'année lors de la 13e cérémonie des NRJ Music Awards.

Marie-Mai est au comble du bonheur. Et si la France lui ouvrait enfin bien grand ses portes?

16

DE NOUVEAUX HORIZONS

Au début de l'été 2011, Marie-Mai annonce à ses fans sur Twitter une grande nouvelle : elle sera la voix de la Schtroumpfette au cinéma ! Aux États-Unis, c'est Katy Perry qui prête sa voix au personnage, et en France, c'est nulle autre que Cœur de Pirate.

Ayant elle-même été une fan des petits bons-hommes bleus lorsqu'elle était enfant, Marie-Mai a lu tous les albums cartonnés des *Schtroumpfs*. Elle a vu à plusieurs reprises chacun des dessins animés. Elle connaît donc leur univers. Cependant, elle ne connaît rien au doublage, et elle devra apprendre rapidement les rudiments de cet art.

Le doublage consiste à remplacer la bande sonore originale d'un film par une bande sonore dans une autre langue. Le doublage pour le cinéma est majoritairement réalisé en studio spécialisé. Un comédien qui fait du doublage voit le film et lit son texte sur une bande rythmo. Cette bande de texte défile sous l'écran et affiche les mots, les phrases, en parfait synchronisme avec le mouvement des lèvres des personnages.

« Marie-Mai, vas-y plus dans la joie, plus dans la tristesse, plus doucement, plus aigu, plus bas... », lui dit sa coach.

La chanteuse adore cette première expérience de doublage. Elle doit faire appel à la comédienne en elle pour donner une voix à la Schtroumpfette. C'est la première incursion de Marie-Mai dans le monde du septième art, mais ce ne sera pas la dernière. Entre-temps, elle s'apprête à vivre un moment magique...

***

Unir sa destinée à celle de Fred, Marie-Mai y songeait depuis longtemps. Mais les nombreux projets musicaux venaient souvent contrecarrer leurs projets de mariage et les amenaient à reporter le grand jour.

C'est finalement le 4 septembre 2011, sur une île de l'archipel d'Hawaï, que le mariage a lieu. C'est seuls tous les deux que Marie-Mai et Fred célèbrent leur mariage.

Pour l'occasion, Fred compose la chanson *For the First Time* en guise de vœux de mariage, chanson que le couple partage la veille sur les réseaux sociaux. Il s'agit pour eux d'un premier duo.

« On se marie demain et on a décidé de chanter nos vœux au lieu de réciter quelque chose d'écrit sur une feuille de papier. Ce sera meilleur en musique, on se pratique. Voilà *For the first time...* »

« For the first time
I really do believe in forever
Something I never even considered
For the first time
For the first time, without a shadow of a doubt
This is all I can think about
For the first time
Don't feel for my sanity
For the first time
It's just gonna be you and me
For the first time. »

C'est sur une petite falaise au bord de l'eau que le révérend scelle l'union de Marie-Mai et Fred. Marie-Mai est magnifique dans une longue robe bustier blanche toute simple, ornée de fleurs au dos. Sa chevelure est décorée d'une orchidée. Fred, lui, porte un pantalon de lin blanc, une simple chemise et un collier de fleurs au cou. Autour d'eux, le paysage est magique. De magnifiques palmiers, une eau turquoise et un soleil généreux... Que demander de plus?

Se confiant aux médias, Marie-Mai dira : « C'est une journée parfaite, le temps est magnifique et nous nous sommes unis devant un incroyable coucher de soleil, une belle plage. C'est le plus beau jour de ma vie. Je suis enfin mariée à Fred ! »

***

Marie-Mai maîtrise assurément l'art d'écrire des chansons, et elle caresse l'ambition d'écrire pour les autres. Elle l'a fait pour Marc Dupré en lui offrant la chanson « Pour te plaire », qui se trouve sur l'album *Entre deux mondes* paru en 2010. Elle écrit également pour lui le succès *Nous sommes les mêmes*, qui sera élu chanson pop de l'année au gala de l'ADISQ.

Marie-Mai compte bien renouveler l'expérience et songe même à partir en Californie pour aller à la rencontre d'autres auteurs-compositeurs, dans le but de faire de la coécriture. Elle a pour objectif d'écrire un jour pour des chanteuses telles que P!nk, Ke$ha et Rihanna. Elle rêve d'une collaboration avec la prolifique auteure Diane Warren, considérée dans le monde de la musique américaine comme la «Reine de la ballade» – elle a entre autres écrit plusieurs chansons pour Céline Dion.

En attendant qu'elle trouve le temps d'aller à la rencontre de stars internationales, ce sont elles qui se déplacent. En effet, Marie-Mai a pu croiser une autre de ses idoles en novembre 2011, sur le plateau de la finale des auditions de *Star Académie*: le chanteur James Blunt, avec qui elle a chanté la chanson *Stay the Night*. Les concepteurs ont eu l'idée de ce duo juste avant le début de l'émission, ce qui a laissé bien peu de temps à Marie-Mai pour apprivoiser la chanson et apprendre les paroles. Un défi périlleux qu'elle a su relever haut la main.

James Blunt n'aura d'ailleurs que de bons mots pour celle qu'il a découverte ce soir-là : «Cette jeune femme est une chanteuse incroyable et elle a une énergie surprenante. C'est vraiment un honneur pour moi de chanter en duo avec elle. »

***

Au moment où elle respire enfin et croit avoir quelques plages libres dans son agenda, Marie-Mai reçoit une invitation bien spéciale d'une légende de la chanson française, Johnny Hallyday, qu'elle croise sur un plateau de télévision. Il l'invite à assurer sa première partie au Stade de France. Quelle chance incroyable ! La rockeuse accepte sans se faire prier.

Lorsqu'elle débarque en France, en juin 2012, elle est accueillie à l'entrée de son hôtel par un attroupement de fans qui l'attendent en portant bien haut des drapeaux du Québec et des écriteaux disant « La France aime Marie-Mai », « Toujours là sept ans plus tard », « Bon retour Marie-Mai », etc.

Marie-Mai prend le temps d'échanger avec eux, de se faire prendre en photo et de signer des autographes pour chacun de ses fans. Non, le public français ne l'a pas oubliée. Quelques heures plus tard, elle monte sur les planches du Stade de France, gonflée à bloc.

« Je me présente. Je m'appelle Marie-Mai, je viens du Canada et je suis très fière d'être ici, sur la scène de Johnny Hallyday ! » lance la jeune femme qui met rapidement la foule dans sa poche.

Épaulée de ses musiciens, elle chante des pièces de son répertoire, allant de *Déjà loin* à *C'est moi* et *Comme avant*. Elle chantera aussi *Jet Lag*, mais avec Fred plutôt qu'avec le groupe Simple Plan. Plus tard, elle rejoindra le grand Johnny, le temps de chanter avec lui la chanson *Vivre pour le meilleur*.

Marie-Mai se souviendra longtemps de ces quelques minutes au cours desquelles elle a chanté avec une véritable légende de la musique française. Elle retrouvera aussi le chanteur pour un duo lors d'un spectacle en plein air dans le cadre du Festival d'été, sur les plaines d'Abraham, à Québec.

Au départ, Marie-Mai est plutôt intimidée de cô-
toyer Johnny Hallyday. Mais la gentillesse de ce
dernier a tôt fait de rassurer la chanteuse. À un
point tel que lors des répétitions pour le duo,
Marie-Mai ose lui dire :

« Johnny, si cela ne te dérange pas, je vais faire
des harmonies ici et là dans la chanson. »

Son audace fait sourire le rocker.

***

Quelques semaines auparavant, un autre honneur
a été fait à Marie-Mai alors que l'OSM (Orchestre
symphonique de Montréal) lui a déroulé le tapis
rouge le temps d'un concert. Marie-Mai a chanté
avec plus de 80 musiciens sur scène ! Elle a fait
mouche lors de cette soirée, qui marquait aussi un
retour sur scène après une année d'absence.

Le temps de l'événement, elle a troqué son look
plus rock pour une magnifique robe longue et
scintillante. Elle a offert des versions bien

différentes de ses plus grands succès et aussi une étonnante version de la chanson *Your Song* du chanteur britannique Elton John. Marie-Mai gardera un souvenir grandiose de son passage à la Maison symphonique, qu'elle a fait vibrer au son de sa musique.

|7

MIROIR

Août 2012, la pièce *C.O.B.R.A.* se fait entendre pour la première fois à la radio et se hisse rapidement en tête des palmarès. Quelques semaines plus tard, à L'Olympia de Montréal, Marie-Mai lance *Miroir*, son quatrième album en carrière.

Avant l'entrée sur scène de leur idole, des centaines de jeunes scandent le nom de Marie-Mai. La star ne se fait pas attendre. Elle leur apparaît en ombre chinoise derrière un immense voile blanc. Les cris stridents des fans se font entendre, c'est l'hystérie dans le grand théâtre. Le voile tombe et Marie-Mai apparaît, sublime dans une robe noire à rayures argentées.

Elle entonne les premières notes de *C.O.B.R.A.* et les fans chantent avec elle. Viennent ensuite *Jamais ailleurs*, *Sans cri, ni haine*, *Si les mots*. Puis, elle offre *Différents*, une chanson qu'elle dédie à ses fans et qu'elle interprète avec beaucoup d'émotion. Elle a enregistré cette pièce en studio avec des fans du Québec et de la France. Cette chanson demeure aujourd'hui sa piste favorite sur l'album. Elle est très symbolique pour elle. Elle l'a écrite en pensant aux jeunes qui sont victimes de rejet, de moqueries et d'intimidation en raison de leur différence.

Le disque *Miroir* est le plus personnel de la chanteuse. Pour écrire plusieurs des pièces qui le composent, elle a puisé à même sa vie intime. Le titre *Jamais ailleurs* est une chanson d'amour pour Fred. La chanson *Je rêve de nous*, Marie-Mai l'a composée alors qu'elle était seule en France et que son amoureux était au Québec. Ce jour-là, elle était mélancolique, elle s'ennuyait de lui et de ses fans pour qui elle n'avait pas chanté depuis trop longtemps. *Si les mots* est une chanson sur l'intimidation, écrite pour ses fans qui vivent ce qu'elle-même a vécu plus jeune.

Une fois de plus, le succès est au rendez-vous. Au gala de l'ADISQ 2012, elle remportera un sixième Félix en carrière, celui de la chanson de l'année pour *Sans cri, ni haine*, une adaptation en français de la chanson *Call Your Girlfriend* de la chanteuse suédoise Robyn.

C'est aussi à l'automne 2012 que Marie-Mai plonge dans l'univers de l'auteur-compositeur-interprète Jean-Jacques Goldman, alors qu'elle est invitée à chanter en duo sur un album qui a pour titre *Génération Goldman*. Marie-Mai y reprend la chanson *Là-bas*, un méga succès de l'année 1987. C'est avec le mannequin et chanteur français Baptiste Giabiconi que Marie-Mai interprète la chanson. Elle est très heureuse de chanter du Goldman, qui est de loin son auteur-compositeur préféré. Elle a découvert celui-ci alors qu'elle était enfant, en fouillant dans les disques de sa mère. Elle a tout de suite accroché à sa musique. Jamais elle n'aurait pu soupçonner qu'elle collaborerait un jour avec lui.

***

Le 28 janvier 2013, par un soir de tempête, la tournée *Miroir* prend son envol à Granby. Au total,

40 spectacles sont prévus à l'horaire, dont trois arrêts au Centre Bell et deux au Colisée Pepsi. Finalement, elle en donnera 100, et elle couronnera le tout avec deux autres soirées au Centre Bell.

Cette tournée lui vaudra un prestigieux billet platine, remis aux artistes qui ont vendu 100 000 billets de leur spectacle.

Plus que jamais, l'étoile de Marie-Mai brille de tous ses feux! Bientôt, ce sera sur les plateaux de télévision qu'on pourra la voir rayonner.

18

RETOUR À LA TÉLÉRÉALITÉ

Dix ans après la fin du concours télévisuel qui a changé sa vie, voilà que Marie-Mai se retrouve dans le siège du coach à l'émission *La Voix*, aux côtés de Jean-Pierre Ferland, Ariane Moffatt et Marc Dupré.

Marie-Mai est heureuse de pouvoir à son tour guider de jeunes talents vers le succès. Elle sera très présente et impliquée auprès de son équipe. Elle conseillera entre autres Jeffrey Piton, un jeune chanteur folk rempli de talent. Elle accompagnera aussi sa protégée Charlotte Cardin-Goyer jusqu'à la grande finale.

Tel que le demande le concept, Marie-Mai et Fred offriront une chanson à Charlotte, *J'attends*, que la jeune chanteuse interprétera lors de la grande finale. Cette belle chanson ne la conduira toutefois pas vers la victoire : elle perdra par quelques votes, aux mains de Valérie Carpentier. Mais elle retentira sur toutes les radios durant les mois qui suivront.

Même si sa protégée ne remporte pas la finale, Marie-Mai n'est pas inquiète pour son avenir. Elle sait bien que la jeune femme a tout ce qu'il faut pour mener une brillante carrière dans le milieu de la musique.

Marie-Mai a adoré son expérience dans le fauteuil rouge de *La Voix*, même si elle avoue avoir parfois eu à faire des choix déchirants. Elle décide toutefois de ne pas reprendre sa place lors de la deuxième saison de l'émission. Elle préfère se consacrer à sa musique et à ses autres projets.

Elle renoue tout de même avec la téléréalité l'été suivant, le temps d'une soirée très spéciale. L'émission *Le banquier* souligne les dix ans de la première mouture de *Star Académie* en organisant de grandes retrouvailles au petit écran. Marie-Mai retrouve avec joie ses acolytes de l'époque. L'énergie au sein du groupe est la même.

Rien n'a changé, la complicité et la synergie sont toujours là.

Les candidats, en plus d'être les « beautés » de l'émission, chantent ensemble *Et c'est pas fini,* l'hymne de *Star Académie 2003*, popularisé jadis par la chanteuse Emmanuëlle et écrit par l'auteur Stéphane Venne. Ils chanteront aussi, tel que promis dix ans plus tôt, la chanson *Place des grands hommes* de Patrick Bruel.

Lors de cette soirée, elle retrouvera Dany Bédar, avec qui elle reprendra son duo mémorable, *Faire la paix avec l'amour*. Marie-Mai en garde un souvenir bien précieux, et elle a d'ailleurs invité Dany Bédar à deux reprises à se joindre à elle sur la scène du Centre Bell.

La chanteuse est émue par ces retrouvailles. Elle avait hâte de revoir ses anciens complices, mais jamais elle n'aurait cru que cela allait la toucher à ce point. Elle retrouve la même adrénaline et le même plaisir d'il y a dix ans. Dix ans déjà !

19

DES PROJETS D'AVENIR

À l'hiver 2014, peu après la semaine de relâche scolaire, Marie-Mai annonce qu'elle prendra congé des projecteurs à compter de l'automne. Elle s'éclipsera pour quelques mois. La chanteuse décide de laisser à ses fans, en guise de cadeau, un album de ses plus grands succès, auquel elle ajoutera deux ou trois pièces originales.

Mais voilà qu'une fois en studio, Marie-Mai se sent plus inspirée que jamais et les chansons affluent. Une chanson, puis une autre, une troisième, puis une quatrième... Il y en aura finalement douze. De quoi constituer un album au complet. L'idée de produire une compilation de ses plus grands succès est jetée aux oubliettes. Marie-Mai présentera plutôt un tout nouveau disque à ses fans.

Dans le processus, elle décide de ne pas faire de compromis et d'aller au bout de son élan créatif.

Marie-Mai et Fred s'amusent plus que jamais. Ils savourent cette liberté de création. Pas de limites, pas de pression... Ils passent des heures et des heures en studio.

Marie-Mai ose passer d'un style à l'autre, mais tout en restant fidèle à elle-même. Au moment de présenter *M,* celle-ci dira : « C'est un disque intense, c'est quelque chose de différent, de frais, que j'assume à 100 %. »

Le 12 mai 2014, un nouveau chapitre s'ouvre pour Marie-Mai avec la sortie de l'album *M.* Elle offre à ses fans trois nouveaux vidéoclips sur le Web : *Conscience, Tourner* et *Indivisible.*

En entrevue pour les différents médias, Marie-Mai se livre sur son besoin d'avoir un peu de temps pour elle. « Fred et moi, on a travaillé fort durant les 11 dernières années. Le temps est venu de tirer un peu la "plogue". De prendre du temps pour nous, et aussi pour fonder une famille », dit-elle alors.

Durant cette pause, Marie-Mai souhaite vivre une certaine routine, ce qu'elle n'a jamais connu. Elle veut apprendre à être une femme à la maison de temps en temps. Elle a envie d'avoir du temps pour faire son ménage, pour apprendre à cuisiner une sauce à spaghetti, pour décorer un peu. Elle a envie de découvrir les aspects du quotidien que son tourbillon de vie ne lui pas laissé la chance d'explorer.

Marie-Mai est alors à l'aube de la trentaine. Fred, lui, a les deux pieds dans la quarantaine. Ils se sentent prêts à fonder une famille. La chanteuse y pense depuis un bon bout de temps, mais les projets venaient constamment remettre ce plan à plus tard. Pourtant, elle rêve d'être maman. Elle s'imagine partir en tournée avec un enfant portant son petit laissez-passer V.I.P. au cou. Elle a hâte d'être enceinte. Elle admire les femmes qui portent la vie en elles.

D'ailleurs, le plaisir de la maternité, Marie-Mai l'a vécu à sa façon depuis que sa sœur Soline a donné naissance à Éli, un adorable petit garçon dont Marie-Mai est la marraine.

Depuis qu'elle a 18 ans, Marie-Mai est devenue très proche de sa grande sœur. Elle avoue que lorsque Soline a quitté le nid familial, elle a réalisé à quel point elle lui manquait et combien elle était importante dans sa vie. Les deux sœurs sont depuis inséparables. Marie-Mai a découvert qu'elles n'étaient pas si différentes, finalement. Elles ont même plusieurs points en commun.

Aujourd'hui, Soline est la meilleure amie de Marie-Mai. Elle est sa confidente et sa conseillère. Il ne se passe pas une seule journée sans que les deux jeunes femmes se parlent de longues minutes au téléphone. Elles se voient aussi plusieurs fois par semaine. Elles vont magasiner ensemble, elles aiment découvrir de nouveaux restos. Surtout, elles placotent et placotent encore. Elles ont toujours quelque chose à se dire.

Marie-Mai passe aussi beaucoup de temps avec son filleul, Éli, qui a maintenant 4 ans. C'est un petit garçon allumé, qui adore écouter la musique de sa tante Marie-Mai. Il connaît déjà toutes ses chansons par cœur. Marie-Mai adore jouer aux guerriers avec lui, et ils passent beaucoup de temps ensemble à faire des casse-tête.

Lorsque ce sera son tour d'avoir un enfant, Marie-Mai souhaite ne pas être une mère surprotectrice et stricte. Elle ne sera pas du genre, dit-elle, à mettre son enfant dans une cage de verre. Elle voudrait le voir s'épanouir et avoir sa propre personnalité. S'il a le goût de porter un tutu ou un chandail fluo, ce sera son choix. Elle souhaite appuyer et encourager son enfant à être qui il est vraiment, avec ses différences.

20

L'ÉTÉ DE SES 30 ANS

« Bonne fête, Marie-Mai ! » Ces mots résonnent sur la terrasse d'un chic hôtel du centre-ville de Montréal, en ce beau lundi soir de juillet.

Plusieurs amis et membres de la famille se sont réunis pour cette grande fête, organisée par Soline. Celle-ci est très fière d'avoir réussi à surprendre Marie-Mai, qui est émue aux larmes. La chanteuse se souviendra longtemps de ses 30 ans.

« Il a fallu user de ruse, mais ça a fonctionné. Je voulais souligner les 30 ans de ma petite sœur. Je suis très fière d'elle, c'est ma complice, ma meilleure amie, et elle est la meilleure marraine du monde pour mon fils Éli », dit Soline aux médias.

Marie-Mai ne s'en doute pas, mais une autre belle surprise l'attend dans quelques jours, à la date précise de son anniversaire.

Le 7 juillet, c'est la grande première du film *Marie-Mai Live au Centre Bell : Traverser le miroir*. Le documentaire, qui permet de la voir sur scène et d'entrer dans les coulisses de son spectacle, prend l'affiche dans 50 salles au Québec. Le tout a été filmé à l'aide de caméras haute définition Alexa. Du jamais vu!

L'événement se déroule dans trois grandes salles de l'un des plus grands complexes de cinéma à Montréal. Plus de 1000 personnes assistent à cette grande première : des membres de la famille, des amis du milieu artistique et beaucoup de fans!

Au moment d'entrer dans la salle pour visionner le film, Marie-Mai aura droit au plus beau des cadeaux. Elle recevra des mains de sa compagnie de disques un disque d'or pour son album *M*.

Ce soir-là, après une soirée riche en émotions, Marie-Mai écrit sur son compte Twitter : « Un film et un disque d'or pour l'album *M* la journée de ma fête... Ça commence à faire beaucoup pour mon p'tit cœur ! »

La chanteuse fera un dernier tour de piste durant l'été 2014. Elle entame une tournée de 25 festivals, qui la mènera ici et là au Québec. Elle présente à son public *Marie-Mai en festival, dix ans de succès*, un spectacle soulignant ses dix ans de carrière. Elle y chante aussi ses nouvelles chansons, puisque aucune tournée n'est prévue pour le disque *M*. D'un spectacle à l'autre, différents artistes l'accompagnent sur scène, tels que Jonas, le rappeur Boogat et France D'Amour.

Marie-Mai est heureuse. Elle fait ce qu'elle aime le plus au monde : se retrouver sur scène devant

ses fans. Mais plus les spectacles défilent, plus son cœur se resserre. Elle sait qu'elle aura bientôt à dire au revoir à ses fidèles.

Sur une scène extérieure à Terrebonne, à la fin du mois d'août 2014, Marie-Mai annonce son départ à ses fans. Le cœur gros, elle y va d'un vibrant témoignage.

« Y a rien que je préfère au monde que de chanter pour vous autres. J'en ai eu, des moments de doute, de remise en question et de fatigue. Mais tout ça s'effaçait dès que je montais sur scène pour vous. Je sais que cela va me faire du bien de prendre des vacances. Mais vous allez me manquer, et j'espère juste que vous allez être là quand je vais revenir... »

La réponse ne tarde pas. Au moment où elle s'apprête à chanter les premiers mots de la chanson *Pour une fois,* une panoplie d'écriteaux apparaît dans la foule. « On t'aime Marie-Mai ! » « On sera là ! » « Tu vas nous manquer ! » « Merci pour ta musique ! » D'autres placent leurs mains de façon à former un cœur.

Marie-Mai essuie ses larmes sur une grande serviette blanche. Elle pleure dans les bras de Fred. Elle tente de se contenir. Elle a tout le mal du monde à chanter. Elle demande au public de chanter avec elle...

« J'ai gardé ton sourire en main
Ne m'oublie pas
Parce que sans toi je ne suis rien
Ne m'oublie pas
Pour une fois et c'est tout. »

Le public la suit. Il chante avec elle. Et grâce à la musique, il va continuer de le faire jusqu'au prochain rendez-vous.

Au revoir, Marie-Mai...

21

JAMAIS BIEN LOIN

Quelques semaines après la fin de la tournée, Marie-Mai et Fred s'envolent en vacances vers l'une de leurs destinations préférées, la Californie. Sous le soleil de la côte Ouest, Marie-Mai veut se reposer et explorer de nouvelles avenues.

De la Californie, Marie-Mai demeure en contact avec ses fans sur Twitter. Elle interagit régulièrement avec eux. À l'automne 2014, elle partage une photo d'elle sur la plage, avec la mention « *Happy place* ».

Pourtant, quelques jours après avoir publié cette photo sur la plage, Marie-Mai est de retour à Montréal, sur le tapis rouge du gala de l'ADISQ. Ce soir-là, elle remporte le prix de l'interprète féminine de l'année ! Il est important pour elle d'être là pour recevoir ce prix. Elle le doit à ses fans !

Marie-Mai profite de son passage à Montréal pour lancer le DVD *Marie-Mai Live au Centre Bell : Traverser le miroir*. Quelques jours plus tard, c'est le grand départ. Elle traversera les États-Unis d'est en ouest en voiture avec Fred.

Elle poursuit son chemin, qui croisera peut-être celui de P!nk, Ke$ha ou Gwen Stefani. Peut-être reviendra-t-elle avec de belles collaborations dans son baluchon, ou simplement avec une petite Marie-Mai ou un petit Fred junior dans les bras. C'est à suivre...

Qu'elle soit à Montréal, en Californie ou n'importe où dans le monde, Marie-Mai n'est jamais bien loin. À cause de sa passion, sa discipline au travail, son caractère fonceur et sa musique, des milliers de jeunes l'admirent.

Elle compte des centaines de milliers de fans. Parmi eux, Sara-Lou, qui se déguise en Marie-Mai pour l'Halloween. Sa grande sœur Maude, aussi, qui rêve de devenir designer de mode pour faire des robes à sa chanteuse préférée. Il y a Julien qui, du haut de ses 10 ans, attend son idole sur un tapis rouge pour lui remettre une rose. Il y a aussi Florence, 12 ans, qui rêve de rencontrer un jour « son Fred » à elle et de faire de la musique avec lui. Pour eux, comme pour Béatrice, Sonny, Elsa, Ève et plusieurs autres, Marie-Mai, grâce à son attitude, à sa musique et à sa détermination, est un modèle.

À leur tour, seuls dans leur chambre ou devant leur miroir, ils rêvent de devenir une vedette de la chanson, d'aller au bout de leurs rêves. Si leur idole a réussi, c'est possible pour eux aussi. Juste à y penser, ils ont des étoiles plein les yeux...

MARIE-MAI EN CHIFFRES

1

film

5

albums

5

certifications platine

4

certifications or

16

singles numéros 1

4

prix KARV, dont deux dans la catégorie
« Personnalité de l'année » en 2013 et en 2014

8

prix Socan, dont celui de l'auteur-compositeur
de l'année en 2013

9
prix Félix

12
spectacles au Centre Bell

122 000
fans sur Twitter

235 000
J'aime sur Facebook

1,5 MILLION
de spectateurs

11 MILLIONS
de résultats de recherche sur Google

35 MILLIONS
de visionnements sur YouTube

CHRONOLOGIE

1984   *Naissance de Marie-Mai.*

1984   *Le Cirque du Soleil présente son premier spectacle.*

1988   *Elle donne son premier spectacle dans le salon de la résidence familiale.*

1989   Elle écrit sa première chanson.

1990   *Le groupe New Kids On The Block donne un spectacle devant plus de 50 000 fans au Stade olympique.*

1993   *Les Canadiens de Montréal remportent leur 24e coupe Stanley.*

1997   Marie-Mai fait son entrée au secondaire.

2001   *La chaîne VRAK.TV fait son apparition. Trois ans plus tard, en 2004, naît KARV l'anti.gala.*

2003   *Marie-Mai participe à* Star Académie.

2004   *Elle rencontre Fred St-Gelais.*

2004   *L'Américain Mark Zuckerberg crée Facebook.*

2005   *Elle lance son premier disque,* Inoxydable.

2006   *Marie-Mai et Fred se fiancent.*

2006   *C'est maintenant au tour de Twitter de faire son apparition.*

2007   *Son deuxième album,* Dangereuse attraction, *voit le jour.*

2007   *Le premier iPhone est vendu.*

2007   *Carey Price joue son premier match dans l'uniforme des Canadiens de Montréal.*

2008   **Elle reçoit son premier Félix dans le cadre du gala de l'ADISQ.**

2009   **Version 3.0, son troisième album, débarque en magasin.**

2009   *Le système de vélos en libre-service Bixi est implanté à Montréal. Celui-ci doit son nom à la contraction de deux mots : bicyclette et taxi.*

2010   **Marie-Mai chante aux Jeux olympiques de Vancouver.**

2010   *Une nouvelle idole fait sensation. Il se nomme Stromae, et sa chanson* Alors on danse *cartonne partout dans le monde.*

2011   **Marie-Mai épouse Fred, à Hawaï.**

2012   **Elle lance le disque Miroir.**

2012   *Le salaire minimum passe à 9,90 $ de l'heure au Québec.*

2013   **Marie-Mai devient coach à l'émission La Voix.**

2014   **M, son cinquième album, est lancé.**

LES COLLABORATEURS

Patrick Delisle-Crevier avait 6 ans lorsque sa voisine lui a offert une pile de magazines *Le Lundi*. Il adorait déjà l'univers merveilleux de la télévision, mais là ce fut le coup de foudre! Dès lors, il ne jouait plus aux petites voitures, ni au ballon chasseur. Il jouait à être journaliste, et ses oursons en peluche furent ses premières vedettes interviewées. À l'adolescence, il a écrit une cinquantaine de textes pour la chronique *La « Jeune » Presse* dans *La Presse*. Après des études en communications, il a travaillé comme recherchiste pour plusieurs émissions de télévision. Par la suite, il a collaboré au magazine *La Semaine,* où il a effectué sa toute première entrevue avec Marie-Mai, en 2003. Aujourd'hui, il est journaliste depuis sept ans au magazine *7 Jours*. Il collabore également au journal *24 h*, au *TV Hebdo*, à l'agence QMI et au *Journal de Montréal*.

Jean-François Vachon s'est découvert une aptitude en dessin vers l'âge de 5 ans, alors qu'il était à l'hôpital après avoir fait une réaction allergique. Les murs de sa chambre se sont vite retrouvés tapissés de ses œuvres. Au secondaire, il s'amusait à dessiner des superhéros pour ses amis et à caricaturer ses profs dans ses cahiers. Aujourd'hui illustrateur depuis 25 ans, il est reconnu pour sa polyvalence. On a pu voir ses illustrations dans les revues *Croc* et *Safarir*, mais aussi dans des ouvrages scolaires et en publicité. En 2012, il a illustré la BD *Planète Zoockey*, publiée chez Petit Homme. Tous les mois, on peut lire sa BD *Jimmy Tornado*, faite en collaboration avec l'auteur Frédéric Antoine, dans la revue *Les Débrouillards*.

TABLE DES MATIÈRES

Suivez-nous sur le Web

Consultez nos sites Internet et inscrivez-vous à l'infolettre pour rester informé en tout temps de nos publications et de nos concours en ligne. Et croisez aussi vos auteurs préférés et notre équipe sur nos blogues !

EDITIONS-PETITHOMME.COM
EDITIONS-HOMME.COM
EDITIONS-JOUR.COM
EDITIONS-LAGRIFFE.COM